CEFEP: 20 anos comprometidos com a formação de cristãs e cristãos para a transformação social e política

JARDEL NEVES LOPES
(Organizador)

CEFEP: 20 anos comprometidos com a formação de cristãs e cristãos para a transformação social e política

PUBLICAÇÃO
COMEMORATIVA
DOS 20 ANOS
DO CEFEP

EDITORA
SANTUÁRIO

Coordenação editorial: Ana Lúcia de Castro Leite
Diagramação e Capa: Mauricio Pereira e Maicon Santos

Colaboradores desta obra:
Cesar Sanson
Eugênio Magno Martins de Oliveira
Robson Sávio Reis Souza

Dados Internacionais de Catalogação na Publicação (CIP) de acordo com ISBD

C389p Cefep

CEFEP: 20 anos comprometidos com a formação de cristãs e cristãos para a transformação social e política. - Aparecida : Editora Santuário, 2025.
128 p. ; 14cm x 21cm.

ISBN: 978-65-5527-527-8

1. Religião. 2. Cristianismo. 3. Formação cristã. 4. Sociedade. 5. Fé. 6. Política. I. Título.

CDD 240
2025-3361 CDU 24

Elaborado por Odilio Hilario Moreira Junior - CRB-8/9949

Índice para catálogo sistemático:
1. Religião : Cristianismo 240
2. Religião : Cristianismo 24

1ª impressão

Rua Pe. Claro Monteiro, 342 – 12570-045 - Aparecida-SP
Tel.: 12 3104-2000 – Televendas: 0800 - 016 00 04
www.editorasantuario.com.br
vendas@editorasantuario.com.br

SUMÁRIO

APRESENTAÇÃO

CEFEP 20 Anos
Fé e Política para a Transformação Social e Política

É com grande alegria e coração agradecido que celebramos, neste livro, os 20 anos de história do Centro Nacional de Fé e Política Dom Helder Câmara (Cefep). As páginas que temos nas mãos são mais do que uma celebração de duas décadas de trabalho. São um testemunho da fé viva de ministros ordenados, cristãos leigos e leigas que buscam a partir do Evangelho de Jesus e da Doutrina Social da Igreja iluminar ações concretas em busca de justiça social e de uma política melhor. O Centro Nacional de Fé e Política Dom Helder Câmara completa 20 anos com a missão de formar cristãos e cristãs comprometidos com a transformação política-social e com a construção de uma sociedade mais justa, solidária e politicamente comprometida com o Bem Comum.

Este livro, com seu olhar retrospectivo e prospectivo, é um convite para refletirmos sobre os caminhos trilhados, as lutas enfrentadas e as vitórias conquistadas, ao longo dessas duas décadas de história. É uma luz para todos aqueles que acreditam no poder da educação e da formação política como instrumento de transformação. É um chamado para olhar para o futuro, entender os desafios da realidade presente e, com renovado espírito de fé evangélica e compromisso político, continuar a obra de Dom Helder Câmara, cujos ensinamentos inspiraram e seguirão inspirando nosso trabalho.

A publicação foi elaborada com a colaboração de irmãos e irmãs que fizeram parte desta história, que conhecem o Cefep, desde sua criação, e, por décadas, são agentes de transformação social. São educadores, assessores, lideranças comunitárias, participantes do Cefep, que, com sua colaboração na construção desta obra, fortalecem o pensamento social da Igreja.

O livro se organiza em três grandes blocos: o primeiro revisita a criação e os primeiros passos do Cefep, destacando a visão e os contextos que deram origem a essa proposta inovadora; o segundo explora a atuação do Cefep ao longo dos anos, trazendo relatos, testemunhos e experiências transformadoras; e, por fim, o terceiro apresenta as perspectivas para o futuro, abordando temas como a superação das polarizações, a participação das mulheres na política e a relação entre fé, política e ecologia integral.

Nesse percurso, acompanhamos as histórias de homens e mulheres que, ao longo dessas duas décadas, tornaram-se agentes de transformação política e social, levando adiante os objetivos do Cefep e fortalecendo uma rede de formação social cristã, em diálogo com as realidades de nosso país e das organizações populares.

É uma honra ter entre as páginas deste livro as contribuições de quem fez e continua fazendo parte dessa caminhada, como o padre Ernanne Pinheiro, que, ao lado da CNBB, ajudou a fundar o Cefep, e Pedro Ribeiro, também presente desde a fundação, que contextualiza a conjuntura política, social e econômica que possibilitou o surgimento dessa iniciativa. Não podemos deixar de citar a importância das escolas locais e regionais de fé e cidadania, que seguem sendo um espaço fundamental para o fortalecimento da base de nossa ação, contando com a dedicação e o engajamento de milhares de pessoas espalhadas pelo Brasil.

Este livro é uma homenagem a todos aqueles que, ao longo desses anos, contribuíram para que o Cefep se tornasse o que é hoje: um centro de formação política que, fundamentado no Evangelho e na Doutrina Social da Igreja, de forma ecumênica, trabalha para transformar realidades e construir um mundo melhor. Mas, além de ser uma homenagem, é também um convite. Um convite para que você, leitor, faça parte desse movimento de fé e política, colabore com a continuidade deste trabalho. Há ainda muito a oferecer para a construção de um Brasil mais justo, democrático e solidário.

Bem-vindo a esta jornada de fé, política e transformação social. O Cefep já fez muito, mas o que ainda está por vir depende de todos nós.

Giovane Pereira de Melo
Bispo de Araguaína, TO
Presidente da Comissão Episcopal
para o Laicato da CNBB e do Cefep

PREFÁCIO

Jardel Neves Lopes
Secretário executivo do Cefep

*"Convido, uma vez mais, a **revalorizar a política**, que* 'é uma ***sublime vocação**, é uma das **formas mais preciosas de caridade**, porque busca o **bem comum**'."*
(Papa Francisco, *Fratelli Tutti*, 180)

O **Centro Nacional de Fé e Política Dom Helder Câmara** (Cefep) celebra 20 anos dedicados à formação de lideranças eclesiais e sociais para atuar nas fronteiras da Igreja e da Sociedade, em prol de uma "política melhor". Esta publicação é, acima de tudo, uma oportunidade de revisitar essa história, de "reviver a memória amada", como expressa a poeta Adélia Prado.

Mas não é apenas isso. É também oportunidade de **iluminar o caminho do Cefep** diante dos desafios atuais. Com a memória agradável do passado e a feliz esperança do que há de vir, somos inspirados pelo Evangelho, pelo magistério social da Igreja e pelo Espírito do Deus da vida, que se manifesta em mulheres e homens e que constrói diariamente o Reino de Deus.

Este livro memorialístico é um **convite a mergulhar em histórias, experiências, cenários, planos, sonhos, testemunhos**, de quem vivenciou momentos únicos e coletivos no Cefep. O objetivo central é celebrar os 20 anos do Cefep, mas – sem pretender esgotar o tema – a obra reflete perspectivas para a continuidade do Cefep e seu projeto coletivo, como resposta aos desafios sociais e políticos de hoje.

Nas primeiras páginas, padre Ernanne, organizador do Cefep junto à CNBB e primeiro secretário executivo, profundamente envolvido na trajetória que ele próprio ajudou a construir, guia-nos brilhantemente pela história do Cefep e pela relação Igreja-política que motivou sua fundação. Pedro Ribeiro, ex-assessor da CNBB, por sua vez, ajuda-nos a compreender a conjuntura da sociedade brasileira e seus aspectos sociais, políticos e econômicos em que germinou o Cefep.

O Cefep em movimento!

Odete Rigato Mioto, coordenadora pedagógica, mostra-nos que a trajetória do **Curso Nacional**, em parceria com a PUC-Rio, já completa 10 edições e passou por transformações curriculares para acompanhar a atualização dos tempos. A **formação é o coração do Cefep.** Por isso vale a pena conferir as emoções e os desafios compartilhados por Eugênio, egresso da primeira turma. Há 20 anos, a dinâmica da educação a distância era uma raridade. O Cefep ousou e foi além: em parceria com a Comissão Sociotransformadora e a Comissão Brasileira de Justiça e Paz, promoveu outros cursos para conselheiros de direitos e uma pós-graduação em Dimensão Social da Fé. E o futuro promete ainda mais. Os testemunhos de quem participou do Curso Nacional revelam o profundo senso de pertencimento de ser "cefepiano" e "cefepiana" e a capacidade do Cefep de promover transformação social e política na vida de quem passa por ele.

A **rede de escolas** de fé e política e/ou fé e cidadania articulou uma centena de escolas em convergência com o Cefep, como nos conta o padre Paulo, o segundo secretário executivo em nossa sucessão. O **pensamento social cristão**, aos poucos, foi se ampliando e ramificando. As Escolas Locais e Regionais cumprem um papel formador e mobilizador nas bases da Igreja, motivadas por leigos e leigas, em sua maioria formados e formadas pelo Curso Nacional do Cefep.

Por trás das 10 edições do Curso Nacional e da centena de Escolas, há uma **rede de assessores e assessoras**. São dezenas de mulheres e homens que, voluntariamente, vindos da academia, das pastorais e de instituições, se dedicam a aprofundar temas do pensamento social cristão e sua interface com a ciência política, a Igreja, a teologia e as ciências sociais. Além disso, traduzem e animam o povo de Deus a discernir seu papel sociotransformador, para mudar as realidades que ferem a dignidade humana, como nos conta Cesar Sanson, um dos membros da rede.

Com mais de 10 publicações com temas abrangentes das esferas política, teológica, eclesial e sociológica, o Cefep tem colaborado na construção de narrativas de justiça social e política do bem comum. Robson Sávio, um dos autores, apresenta essa rica coleção de livros, que continua à disposição para colaborar na formação de novas lideranças.

A profecia de Dom Helder vive!

Dom Helder pediu para não deixar cair a profecia! A memória agradecida do Cefep rega a profecia e a esperança. As assessoras da rede, Ivenise Santinon, Carlucia Maria e Géssica Dias, ajudam-nos a refletir os desafios e as perspectivas para o Cefep seguir caminhando. O que não pode faltar em nossa jornada? Desafios de ontem e de hoje precisam ser superados – mas também questões próprias de nosso tempo, que exigem luz, discernimento e ação para continuarmos transformando pessoas e, assim, transformando as realidades sociais e políticas. São **valores inegociáveis** na formação humana, oferecida pelo Cefep, para o exercício da cidadania.

O debate sobre a relação entre **Fé e política** é uma das reflexões mais urgentes na sociedade e na Igreja – comunidades de fé. O teólogo Francisco Aquino Junior chama atenção para a influência crescente do elemento religioso nas agendas e disputas políticas, seja no período eleitoral ou nas discussões de projetos nas casas legislativas. Robson Sávio corrobora a mesma perspectiva, destacando a urgência de enfrentarmos desafios postos e superar amarras inerentes às instituições eclesiásticas, sociais e políticas, para assegurar a fidelidade ao **Projeto de Deus** e a promoção da **dignidade humana**. Nesse contexto, destacam-se as vozes de resistência e esperança de pessoas de fé e boa vontade, que se levantam em defesa da "**opção preferencial pelos pobres**".

Esperamos que esta leitura inspire você a se aprofundar na história e nos objetivos do Cefep, e a fazer parte dessa jornada de fé, política e transformação.

I

A CRIAÇÃO DO CEFEP E OS PRIMEIROS PASSOS

A ORIGEM DO CEFEP

Padre Ernanne Pinheiro
Membro da Rede de Assessores do Cefep

Alguns dados para compreendermos a criação do Cefep

A ideia de uma instância de formação de cristãos para a política na Igreja do Brasil já vem de longe. Vinha amadurecendo nas várias posições da Igreja, nos momentos em que a relação Igreja-Política interpelava a Instituição eclesial em seu processo evangelizador.

Contexto

Para não sermos prolixos podemos partir dos anos 30, do século passado, quando algumas lideranças eclesiais assumem posições mais visíveis nesse campo.

Vejamos alguns exemplos:

– **O Centro Dom Vital**, sob a liderança de um cristão leigo intelectual Alceu Amoroso Lima, conhecido como Tristão de Ataíde, deu um passo primoroso na relação Igreja-Política, levando em consideração uma visão internacional em debates, sobretudo por leigos franceses que nos chegavam por meio das revistas. Recebeu muita adesão de um grande grupo de Bispos, padres e leigos(as), embora também contestação, sobretudo de um outro leigo, também intelectual, chamado Gustavo Corção. A discussão vinha à tona por meio de artigos nos jornais da época, sobretudo do Rio de Janeiro, então capital do Brasil. Momento privilegiado para uma reflexão sólida sobre temática de real importância.

– Era o momento em que surgia **a Ação Católica Geral**, logo depois especializada, tentando responder aos vários meios sociais, sobretudo a juventude: operária, agrária, independente, estudantil, universitário (JOC, JAC, JIC, JEC/JUC), deixando seu rastro marcante por intermédio de leigos(as) comprometidos com a fé, o social e a política com grande entusiasmo e eficiência. Ofereceu vários membros para os quadros do nosso parlamento, levando a contribuição de elementos evangélicos. Ofereceu lideranças brasileiras para o nível internacional, com sede na Bélgica e em Paris.

– As **Comissões de Justiça e Paz** surgem na mesma onda, fruto do Concílio Vaticano II pelo seu documento *Gaudium et Spes*, espalhando sementes e frutos por meio da Pontifícia Comissão de Justiça e Paz, que se expande para as dioceses dos vários países, com grandes e significativas atividades no Brasil.

– O **Instituto Brasileiro de Desenvolvimento (IBRADES)** foi uma criação da CNBB, com objetivo explícito de formar cristãos leigos(as), à luz do Ensino Social da Igreja.

Poderíamos citar outras iniciativas da nossa Igreja no Brasil, no período conciliar e pós-conciliar, com objetivos similares em prol da democracia. As Campanhas da Fraternidade (CF), desde 1965, frutificaram uma mística de Fé e ação social no período da Quaresma. Com sua expansão e seu amadurecimento, passou a ter uma dimensão formativa, contemplada em três objetivos: 1) despertar o espírito comunitário e cristão na busca do bem comum; 2) educar para a vida em fraternidade; 3) renovar a consciência da responsabilidade de todos(as) pela ação evangelizadora, em vista de uma sociedade justa e solidária. Chegou a contar com uma CF específica sobre "Fraternidade e Política", em 1997.

Também, nesse contexto, a Conferência episcopal tomou algumas posições para se fazer presente na elaboração da **nova Constituição** do País, que vem a lume, em 1988. A Assembleia Geral preparou um "**Documento-proposta**" para o evento, nomeou uma comissão formada por Bispos e assessores, para acompanhar o processo da elaboração da nova Carta Magna, sob a coordenação de Dom Cândido Padin, jurista de formação. E criou a missão de um assessor político, sobretudo para continuar o diálogo com o Congresso, levando sugestões das dioceses.

Nesse contexto, como assessor político, fui até o Secretário Geral, Dom Odilo Scherer e lhe disse: "Tenho um sonho – a criação de um **Centro de formação para cristãos** para atuar na política". Dom Odilo olhou com atenção e me respondeu: "Acho boa a ideia. Faça um bom projeto que consigo ajuda financeira para colocarmos em prática esta ideia. Conheci uma experiência semelhante à dos jesuítas no sul da Itália, com bons resultados".

Criação do Centro Nacional de Fé e Política Dom Helder Câmara

Com o apoio da direção da CNBB e do CONSEP (Conselho Episcopal de Pastoral), a assessoria política ficou encarregada de dar os passos necessários para a concretização do **Centro Nacional de Fé e Política Dom Helder Câmara (Cefep)**.

Para tanto foram realizados dois Seminários, com a presença de cristãos leigos e leigas e alguns padres, para elaborar as exigências preliminares, como propostas para serem apresentadas à CNBB. Nossas propostas foram bem aceitas.

Deveríamos ter não só um tipo de **Escola de Formação**, mas também uma **Rede de Assessores** para serem professores dos respectivos cursos e para elaborar subsídios (publicações) a serviço das escolas locais existentes e recém-nascidas, e das várias entidades, que tinham carência de maior aprofundamento da temática.

Planejamos e concretizamos uma **Sessão Solene de Fundação** da entidade com o nome de **Centro Nacional de Fé e Política Dom Helder Câmara**, com a presença da direção da CNBB e várias autoridades citadas na Ata de Fundação.

Nessa sessão de fundação, com a presença de muitas autoridades políticas e eclesiásticas, o presidente da CNBB, Dom Geraldo Agnelo Magela, apresenta diretrizes para esta nova entidade inserida em seus quadros, em 2005, conforme as Diretrizes da Igreja no Brasil, que rezam o seguinte:

Diz Dom Geraldo na introdução de sua alocução:

> Estamos aqui reunidos para a fundação do CENTRO NACIONAL DE FÉ E POLÍTICA "DOM HELDER CÂMARA". Um sonho de muitos anos que busca tornar-se realidade. Um serviço que a Igreja quer oferecer de modo especial a nossos cristãos leigos e leigas – como preparação para atuar no mundo da política como cristãos... Promova-se cada vez mais a participação social e política dos cristãos leigos e leigas nos diversos níveis e instituições, por meio de formação permanente e ações concretas. Com a crise da democracia representativa, cresce a importância da colaboração da Igreja no fortalecimento da sociedade civil, na luta contra a corrupção, bem como no serviço em prol da unidade e fraternidade dos povos, em especial na América Latina e Caribe.

Na Ata de Fundação do Cefep, lemos o seguinte: "Aos vinte e um do mês de fevereiro de dois mil e cinco, no auditório da Conferência Nacional dos Bispos do Brasil (CNBB), realizou-se o Ato de Fundação do Centro Nacional de Fé e Política 'Dom Helder Câmara'.

Estiveram presentes ao evento: o Presidente da CNBB Dom Geraldo Majella Agnelo; o Secretário Geral da CNBB Dom Odilo Pedro Scherer; o Sr. Núncio Apostólico do Brasil; dois Ministros de Estado Srs. Waldir Pires e Patrus Ananias; os Bispos do Conselho Permanente da CNBB; o Presidente do Conselho Nacional dos Leigos do Brasil; representantes de Escolas Locais de Formação Fé e Política; membros do Parlamento (Senadores e Deputados); membros das entidades da sociedade civil e das organizações eclesiais; assessores da CNBB..."

Em sua alocução, o Presidente da CNBB, apresentando o ideário do Centro Nacional de Fé e Política "Dom Helder Câmara", ressaltou também que o Centro tem como objetivo: fomentar em nosso país um pensamento social cristão à luz do Ensino Social da Igreja e dos valores Evangélicos. Para tanto, contribuir com a formação de lideranças inseridas na política, no Brasil, em suas diferentes formas e níveis, a partir de uma reflexão bíblica e teológica, das ciências sociais e da filosofia.

Trata-se de uma iniciativa da Conferência Nacional dos Bispos do Brasil (CNBB), sob a responsabilidade do Conselho Episcopal de Pastoral (CONSEP), entregue à gestão das Comissões Episcopais – para o Laicato, para a ação Missionária e Cooperação Intereclesial, e para o Serviço da Caridade, da Justiça e Paz – sob a coordenação da Comissão Episcopal para o Laicato. Nesta ocasião de criação do Centro Nacional "Dom Helder Câmara" foi nomeado como seu secretário Executivo o Padre José Ernanne Pinheiro, assessor político da CNBB.

O ato e fundação contou com depoimentos de quatro cristãos leigos/a, sobre a vivência na política: o Senador Pedro Simon, o Ministro Patrus Ananias, o deputado estadual Durval Ângelo Andrade e uma representante do Conselho Nacional dos Leigos Carlúcia Maria Silva (transcritos depois no livro do Cefep *Cristãos em ação na política*, Editora Santuário, 2006).

Nada mais havendo a tratar, lavro para a posteridade a presente Ata.

Brasília, 21 de fevereiro de 2005.

Padre José Ernanne Pinheiro, secretário.

Para solidificar ainda mais a proposta do Cefep, no documento da CNBB n. 105 (2016), lemos: **"Os cristãos leigos e leigas na Igreja e na sociedade"** supõe para a formação três elementos fundamentais: Formação – espiritualidade – acompanhamento. Portanto, é urgente que as dioceses busquem:

– Estimular a participação dos cristãos leigos e leigas na política;

– Impulsionar os cristãos a construírem mecanismos de participação popular;

– Incentivar e preparar os cristãos leigos e leigas a participarem de partidos políticos e serem candidatos para o executivo e o legislativo;

– Mostrar aos membros das nossas comunidades e à população, em geral, que há várias maneiras de tomar parte na política: nos Conselhos Paritários de Políticas Públicas, nos movimentos sociais, coleta de assinaturas;

– Incentivar e animar a constituição de Cursos e/ou Escolas de Fé e Política ou Fé e Cidadania, ou com outras denominações, nas Dioceses e Regionais.

A participação consciente e decisiva dos cristãos em movimentos sociais, entidades de classe, partidos políticos, conselhos de políticas públicas e outros, sempre à luz da Doutrina Social da Igreja, constitui-se num inestimável serviço à humanidade e é parte integrante da missão de todo o Povo de Deus.

O Papa Francisco pedia aos cristãos "que se comprometam na busca do bem comum, que se envolvam com a política. Não, de forma alguma, formando partidos políticos, mas buscando por meio da política o bem comum como exercício exímio da caridade. Embora a política tenha pouco prestígio, devido à sua insuperável ambiguidade, isso não pode ser obstáculo para dedicar-se a ela com afinco" (Apelo às Comunidades de Vida Cristã – 18/4/2015).

O primeiro curso aconteceu em 2006/2007, durante dois anos, sendo a parte presencial em Brasília durante dois momentos de quinze dias, contando com o ajuda eficiente do professor Geraldo Aguiar, como coordenador pedagógico, e seu complemento **on-line,** sob a direção generosa da PUC/Rio, tendo o professor Paulo Fernando de Andrade como o mediador.

Critérios de participação dos cursos do Cefep

– Identidade cristã de vivência e participação;

– Disponibilidade de tempo: compromisso de participar das etapas previstas e realizar os trabalhos solicitados;

– Conclusão do ensino médio (exceções serão analisadas);

– Militância política: sindical, popular, partidária, conselhos municipais paritários e outras áreas;

– Compromisso de ser agente multiplicador por meio da entidade que o apresentou para o curso.

No início, tivemos algumas dificuldades práticas, sobretudo para a parte virtual on-line, porque a internet ainda não estava presente em todas as regiões do país. Casos mesmos complexos, a título de exemplo, uma aluna que morava no interior de Alagoas se deslocava, durante quatro horas de ônibus, todos os sábados, até Maceió, para fazer cópias para os textos on-line.

No entanto, o entusiasmo era maior que os obstáculos. Esta primeira turma motivou a criação de várias escolas locais, em suas respectivas dioceses. Verdade que conseguimos um corpo de professores de bom nível para as aulas presenciais, facilitando o aprofundamento do conteúdo apresentado nas aulas. E a PUC/Rio se empenhou com afinco para acompanhar a parte on-line. O caminho seguiu.

E já estamos concretizando a décima turma dos cursos, com alunos(as) de todas as regiões do Brasil.

O QUADRO CONJUNTURAL E A CRIAÇÃO DO CEFEP

Pedro A. Ribeiro de Oliveira
Membro da Rede de Assessores

Apresentação

Rememorar o cenário sociopolítico da época em que foi gestado o Cefep ajuda a entender as demandas da realidade a que ele deveria responder. Para fazer isso recorri a *Análises da Conjuntura* de dezembro de 2000 a abril de 2005[1], período em que fui coordenador da equipe encarregada de apresentá-la a cada reunião da CNBB, como apelo à reflexão pastoral dos bispos. Retomando aqui algumas delas, tentei reconstruir o processo histórico onde se deu a criação do Cefep como resposta da Igreja aos novos desafios pastorais.

[1] Nesse período a equipe responsável teve a participação de Pe. Ernanne Pinheiro, Pe. Alfredo Gonçalves, Ir. Delci Franzen, Pe. Antonio Abreu, Pe. Bernard Lestienne, Carmen Lúcia Teixeira, Pe. Thierry Lienard e, por uma vez, Gerson Gomes, Guilherme Delgado e Daniel Seidel. Infelizmente, não consegui encontrá-las no site da CNBB.

O texto parte da análise da mudança global na transição do século XX para o atual, para em seguida lembrar a conjuntura brasileira em que nasceu o Cefep: o 1º governo Lula.

1. A transição histórica do século XX ao XXI

O período que vai do fim da Segunda Guerra Mundial até 1973 foi chamado *era de ouro* da democracia. Com o passar do tempo, constata-se que foi um período excepcional na história do capitalismo: a economia cresceu em praticamente o mundo todo, especialmente nos países socialistas, permitindo que fosse alcançada a maior igualdade social possível numa sociedade de mercado, e que os sistemas de proteção social ganhassem seu maior alcance. De outra parte, as instituições democráticas funcionaram com grande participação da população por meio de partidos políticos, enquanto as ditaduras perdiam força. O ano de 1968 foi marcado por movimentos sociais em diferentes países, exigindo o aperfeiçoamento – ou, no caso do Brasil e outros países, a restauração – da democracia.

Seja ou não em resposta a esses movimentos sociais, em 1973, o capitalismo mudou de rumo: o governo dos EUA suprimiu o padrão-ouro do dólar e estabeleceu a flutuação dos juros nas transações internacionais, favorecendo os detentores do capital e mudando o cenário mundial pela intensificação do conflito político-ideológico entre o lado capitalista e o lado socialista – a *guerra fria*. Entre 1973 e 80, a economia e a política mundial atravessaram um tempo de instabilidade devido à alta do preço do petróleo e dos juros. O Brasil aproveitou a oportunidade e deu um salto na industrialização, mas as grandes potências se viram diante de um cenário de inflação e desemprego, e aumentaram o gasto público para responder à corrida armamentista. Isso explica a virada neoliberal, que ocorreu entre 1979 e 1982, e a intensificação da corrida armamentista pelos EUA, que levou a União Soviética à falência, em 1989. Assim, o século XX termina com o triunfo do capitalismo em sua forma neoliberal, derrotando o *socialismo real*.

O neoliberalismo rejeita antigos valores democráticos, como a igualdade, e impõe novos valores: eficiência, equilíbrio das contas públicas e competitividade em mercados abertos à globalização. Traduzido em programa de governo, o ideário neoliberal chega ao poder com M. Thatcher[2] e D. Reagan, amparados pelo dólar como moeda mundial e por seu poderio militar. A partir desses países, essas ideias transformadas em programa de governo difundem-se como ondas. Sua apoteose é a conquista dos países e partidos socialistas antes resistentes a esse programa. Instalado nos quadros de governo, o neoliberalismo ganha o consenso mundial – o *Consenso de Washington*. O resultado é a despolitização da economia, a desregulação dos mercados de capital e do trabalho, e a redução do Estado. A igualdade é reduzida a criar condições iguais para todos na largada: daí para frente, é cada um por si.

O resultado dessa política neoliberal, porém, foi medíocre: a inflação foi contida e os lucros do capital aumentaram, mas com alto custo social. O grande beneficiado foi o setor financeiro, que

---

[2] Ela dizia que sociedade não existe: existem indivíduos e suas famílias.

nunca concentrou tanta riqueza. Note-se que esse resultado não foi imposto pelas armas, mas por eleições respeitosas aos preceitos da democracia. Basta lembrar a queda do socialismo soviético. Foi como se, em uma ou duas gerações, a Humanidade tivesse optado por um sistema no qual todos competem contra todos. Esse consenso não é fruto de conspiração internacional, organizações clandestinas, nem um pacto entre os poderosos: resulta da prática de milhões de indivíduos querendo aplicar seu dinheiro para assegurar uma velhice tranquila.

Não por acaso, a reação ao neoliberalismo também vem em forma de pensamento de quem, por assumir a solidariedade como valor, se opõe ao individualismo. Daí a importância da *globalização da solidariedade*, como falava o Papa João Paulo II, sendo retomada por Francisco: ela funda seu projeto de sociedade sobre critérios éticos. Ela brota de mobilizações sociais em vários países, muitas delas com o apoio de Igrejas cristãs, como foram a proposta de cancelamento da dívida externa no ano 2000; a conscientização ecológico-planetária; as reivindicações de trabalhadores rurais e de pequenos produtores; o movimento Zapatista no México; o Plebiscito *Vida acima da Dívida* (com mais de 6 milhões de votos apesar da campanha de desmobilização); a *Marcha das Margaridas* em sintonia com a Marcha Mundial das Mulheres, em mais de cem países; a 1ª Conferência dos Povos e Organizações Indígenas em Porto Seguro; o 1º Congresso Nacional dos Catadores de Materiais Recicláveis, em Brasília, e tantos outros movimentos sociais que confluem para o Fórum Social Mundial e proclamam "Outro mundo é possível".

A realização do Fórum Social Mundial de 2001, em Porto Alegre, contestando o projeto neoliberal e seu "pensamento único", foi além de reivindicações pontuais dos movimentos sociais: não se limitou a protestar, mas abriu alternativas ao modelo neoliberal sem impor alguma delas como a única correta. Ele mostrou que um projeto alternativo é viável desde que, em vez da globalização do mercado, se proponha a planetarização da humanidade.

Diante desse quadro mundial, vejamos o quadro sociopolítico brasileiro.

2. O Brasil no 1º governo Lula

Os governos Collor, Itamar e FHC buscaram integrar a economia brasileira na globalização do mercado, promovendo (1) a estabilidade da moeda – o *Plano Real* – que trouxe benefícios como a redistribuição de renda, mas aumentou o endividamento público para lastrear-se em reservas em dólares; e (2) a abertura de mercados pela eliminação de barreiras legais à importação, aumentando assim o consumo, mas levando à falência indústrias nacionais. O custo social dessa política foi o fechamento de muitos postos de trabalho, causando desemprego e trabalho informal. Também para conquistar a confiança dos investidores, FHC criou a Lei de Responsabilidade Fiscal e favoreceu a *privatização* de empresas estatais. Aquele foi um duro período de ajustes estruturais, mas o Brasil parecia enfim perto de ingressar no *primeiro mundo*. Era a vitória do chamado *mercado*: cerca de 400.000 famílias associadas ao capital financeiro internacional e que, controlando a economia – 53% do estoque da riqueza líquida privada e 17% da renda nacional –, manteria seu poder como credora do Estado.

O candidato de oposição era Lula, que propunha um pacto entre os trabalhadores do sistema produtivo, o empresariado e a população excluída do mercado. Inspirada na Constituição de 1988, ela representava uma virada política para resgatar a dívida social acumulada desde 1964, deixando de fora rentistas e especuladores.

Tudo indicava que FHC faria seu sucessor na mesma linha política, quando eclodiu a crise de 2002, que atingiu a economia e o setor energético. O Real se desvalorizou, a Bolsa afundou, e o risco-país estourou, ao mesmo tempo que as represas esvaziadas provocavam *apagões* por falta de eletricidade. É quando Lula publica a "Carta ao povo brasileiro", onde reafirma seu desejo de mudança, mas promete estabilidade cambial, controle do déficit público, respeito aos acordos com o FMI, pagamento em dia das dívidas e autonomia do Banco Central. Assim, passa a incluir rentistas e especuladores em seu pacto social. Parecendo ser inevitável a vitória de Lula, esses donos do poder aceitam a proposta.

A batalha estava começando. Passados os dias de alegria e festa, os donos do poder se comportam como se não tivessem perdido as eleições. Para eles, a legitimidade do governo não vem das urnas, mas sim do cumprimento das obrigações financeiras. Lula pode fazer política social, mas deve cumprir as promessas feitas naquela *Carta*. Senão, os donos do capital e da mídia, com o apoio militar, criam um clima de tensão. São 52 milhões de eleitores, já desmobilizados, contra um pequeno, mas poderoso grupo que, com alguns telefonemas, pode provocar uma crise econômica e política de grandes proporções. Deixando o governo acuado, o capital financeiro impunha condições mais duras do que impôs a FHC.

Em sua visita à Assembleia da CNBB, já como Presidente da República, Lula mostrou ter consciência dessa dificuldade ao dizer que não se pode brigar ao mesmo tempo com todo mundo e é necessário escolher alvos específicos para neles concentrar as forças. Esta é a estratégia que ele empregou com êxito como líder sindical. Por isso, aquele encontro terminou em clima de otimismo, contaminado pela esperança de o Brasil, enfim, completar a abolição da escravatura e assegurar ao povo pobre terra, trabalho, teto e segurança alimentar.

O que se seguiu, porém, foi bem diferente: invertendo-se a obrigação do Poder Público de atender prioritariamente quem está em situação de fome e miséria, o governo destinou seus recursos para conquistar a confiança dos credores da dívida pública. É claro que Lula avançava nas políticas sociais, mas não a ponto de fazer mudanças estruturais como poderia ter sido a Reforma Agrária ou a ampla demarcação dos territórios dos Povos Originários. Visto hoje, após 20 anos, o ponto mais inovador de seu governo foi a Política Externa, por consolidar o Mercosul e impulsionar a formação do BRICS – Brasil, Rússia, Índia, China e África do Sul.

No que concerne às relações com a Igreja católica, o governo Lula favoreceu o diálogo franco com a CNBB. As principais tensões situaram-se na relação entre a CNBB e a sociedade civil, destacando-se dois episódios: a legislação sobre *células-tronco embrionárias* e sobre o desarmamento da população. A Comissão da Ética da CNBB afirmava ser contrária à Ética destruir embriões humanos para a obtenção de células-tronco, pois a vida deve ser protegida desde a concepção. Suas iniciativas, contudo, não impediram a aprovação do projeto na Câmara nem moveram o Presidente Lula a vetá-lo. Coisa similar ocorreu com o Referendo popular sobre a proibição da venda de armas de fogo e munições no Brasil, condição para entrar em pleno vigor o Estatuto do Desarmamento. Tendo promovido a Campanha da Fraternidade do ano sobre o tema, a CNBB empenhou-se na realização deste Referendo confiante que seria aprovado como instrumento de paz. Porém, a população que compareceu às urnas rejeitou essa proposta.

Conclusão

As *análises de conjuntura* apontam que a palavra da CNBB já não tinha mais a força de antes, mesmo porque a laicidade do Estado é alegada para desqualificar a palavra da Igreja. Fica a indagação sobre como a Igreja católica pode se colocar no novo quadro político, conjugando verdade e caridade, justiça e paz.

O princípio ético da evangélica opção preferencial pelos pobres deve ser a referência maior. Suas mediações, contudo, devem ser balizadas pela reflexão teológica sobre a política partidária. Fundamental é a distinção entre a Política como organização da

Sociedade, e a política partidária como disputa de poder. Documentos oficiais diferenciam a posição da Hierarquia, a serviço do bem comum, e a posição dos leigos e leigas como protagonistas da construção do mundo, na política partidária[3]. Há que evitar-se a dicotomia que atribui ao laicato o temporal, e à hierarquia o espiritual, mas é importante perceber a autonomia do mundo e o lugar que nele deve ocupar o Povo de Deus.

À luz desses princípios, convém refletir sobre a participação dos cristãos na política, para que as exigências evangélicas se tornem prática na política. Para isso é fundamental a formação que articule a mística da fé e a competência política. Constata-se hoje o engajamento de leigos e leigas na política partidária, mesmo enfrentando a desconfiança de comunidades locais, diante de quem entra na arena "suja" da política partidária. À Teologia da política como prática da caridade opõe-se o temor da convivência do joio com o trigo, dificultando assim o testemunho de uma Igreja que traz a esperança do Reino para a sociedade. De todo modo, constata-se a existência do Movimento Nacional Fé e Política e de Escolas Diocesanas de Fé e Política ou Fé e Cidadania, que são espaços de formação política e de compromisso ativo animado pela Fé.

Levando em consideração essa experiência, a CNBB propôs[4] diretrizes para a participação no processo político e isso foi mais um impulso para a formação dos cristãos na política. Percebe-se, porém, que a isenção da Hierarquia diante dos partidos políticos,

---

[3] cf. Puebla, 522.

[4] Cf. Documento 67 – Eleições 2002.

não explicitando preferências por candidatos, é por vezes confundida com uma neutralidade que, na prática, atenua os princípios éticos propostos naquele documento.

Esse quadro mostra um pouco do processo percorrido na relação Igreja e Política, e as questões levantadas como desafios a uma ação eficaz da Igreja no campo político brasileiro. Daí à criação do Centro Nacional de Fé e Política Dom Helder Câmara – o Cefep – foi um passo.

II

A AÇÃO DO CEFEP NESTES 20 ANOS

FORMAÇÃO POLÍTICA PARA CRISTÃOS E CRISTÃS

Odete Rigato Mioto
Coordenadora Pedagógica do Cefep

Há 20 anos, o CEFEP – Centro Nacional de Fé e Política Dom Helder Câmara contribui com o despertar de consciências críticas por meio da formação política para Cristãos e Cristãs.

O compromisso com a formação política e cidadã na América Latina e Caribe se fortaleceu a partir do Concílio Vaticano II, quando a Igreja passou a adotar, em sua perspectiva pastoral, a ênfase na opção preferencial pelos pobres. Essa postura da Igreja ganhou forma pastoral por meio das conferências como Medellín, Puebla e outras subsequentes.

No Brasil, esse compromisso se materializa com uma importante iniciativa: a criação de escolas de formação em fé e política, nas diversas dioceses do país.

No início da década de 1990, na Diocese de Ji-Paraná, em Rondônia, sob a coordenação do Bispo Dom Antônio Possamai, foi criada a primeira escola de fé e política, com objetivo de formar consciências críticas para atuar no campo da política, seja ela partidária ou nos espaços de participação cidadã.

Em 2005, foi criado o Cefep, uma iniciativa da Conferência Nacional dos Bispos do Brasil, constituindo-se como um serviço à formação política dos cristãos leigos e leigas, sob a coordenação da Comissão Episcopal para o Laicato, com o objetivo de: "fomentar em nosso país um pensamento social cristão, à luz da Doutrina Social da Igreja e dos valores evangélicos, contribuindo com a formação de lideranças inseridas na política brasileira, em suas diferentes formas e níveis, a partir de uma reflexão bíblica e teológica das ciências sociais e da filosofia".

Com intuito de promover a continuidade das formações recebidas nas bases junto às escolas e grupos de fé e política, o Cefep oferece o curso de "Formação Política para Cristãos e Cristãs", em parceria com o Curso de Teologia e a Coordenação Central de Educação a Distância – CCEAD/PUC-Rio. O curso tem carga horária de 360 horas, no período de dois anos, em modalidade presencial e a distância. A parte presencial é composta por duas etapas, sempre na segunda quinzena de janeiro, em Brasília, enquanto a parte remota é realizada por plataformas digitais, como Moodle e Zoom. O curso oferece certificação como especialização para quem possui ensino superior e apresenta o Trabalho de Conclusão de Curso, ou de curso de extensão para quem não cumpre esses requisitos.

Essa formação tem como objetivo "formar cristãos e cristãs para a missão política, favorecendo-lhes a aquisição de competência e habilitação para agir no complexo campo da política, participando da construção de uma sociedade justa e solidária, à luz do Ensino Social da Igreja e das Diretrizes Gerais da Ação Evangelizadora da Igreja no Brasil".

O público-alvo é, preferencialmente, composto por lideranças locais que já passaram por uma formação de base, seja nas escolas de Fé e Política locais ou regionais, oriundos de Conselho de Leigos, Pastorais Sociais, ou pessoas ligadas a outras denominações religiosas ou Movimentos Populares e Sindicais.

A 1ª turma aconteceu em 2006/2007, tendo 50 cefepianos(as), representantes das cinco regiões do país. Alguns residiam em áreas remotas e enfrentaram muitas dificuldades com a formação a distância, devido à falta de acesso e conexão à internet. Para esses, eram oferecidas alternativas, como levar os textos referentes às disciplinas e o envio dos trabalhos por correio. Embora prejudicados na interação com os colegas, o aprendizado era mantido.

Atualmente, a formação está em sua 10ª turma (2025-2026) com 48 cefepianos(as). Todas as regiões do país estão representadas, abrangendo 19 estados.

O currículo do curso passou por atualização para esta 10ª edição, com base nas demandas apresentadas nas avaliações das turmas e no seminário de 10 anos do Cefep (2016). Em 2019, iniciou-se um amplo debate sobre essa necessidade, envolvendo a secretaria executiva, coordenação executiva e ampliada, e a rede de assessores(as). No seminário nacional das coordenações das escolas e da rede de assessores(as) de 2023, a nova grade foi aprovada, com sugestões de alguns ajustes.

Essa grade está assim composta:

1ª etapa (90 horas):

– Apresentação do Cefep: Metodologia do Curso – visão geral;

– O mundo em transformação: ciclos sociais, políticas, econômicas e culturais no ocidente;

– Cultura e formação do povo brasileiro;

– Democracias no mundo: fundamentos, desafios e perspectivas;

– Fé e Política na Igreja: desde a patrística à CNBB;

– Oficinas: Comunicação; Pastorais sociais; Leitura conjuntural; as mudanças no mundo do trabalho; as desigualdades sociais.

As etapas EAD (180 horas):

– Igreja e Direitos Humanos: Do Concílio Vaticano II aos dias atuais;

– Pensamento Social Cristão;

– A Ecologia Integral e a Questão Socioambiental;

– Ética e Moral;

– Os princípios e temas do Ensino Social da Igreja;

– Fé e Política na Bíblia e na Igreja;

– Seminários Regionais – apresentação do pré-projeto sobre o tema a ser trabalhado no trabalho de conclusão do curso.

2ª etapa (90 horas):

– Métodos de Análise da Realidade, a partir do método Ver, Julgar e Agir;

– Espiritualidade Libertadora;

– Projetos para o Brasil: Movimentos Populares e grupos políticos / econômicos;

– Educação popular: fundamentos, princípios e métodos;

– Oficinas: Alternativas ao capitalismo; Democracia participativa e participação popular; Movimentos Sociais: história e resistências; Partidos Políticos: história, perfil e desafios; Legislação eleitoral; Escolas de Fé e Política (partilha das experiências).

O quadro de assessores(as) é composto de profissionais doutores(as) e mestres vinculados(as) a universidades católicas, especialmente à PUC-Rio, e a universidades públicas. As oficinas, em geral, são conduzidas por pessoas que estão inseridas nos temas debatidos.

Ao longo desses 20 anos e 10 turmas, o Cefep já formou 478 pessoas, distribuídas entre as regiões: 79 no Norte, 135 no Nordeste, 53 no Centro Oeste, 158 no Sudeste e 53 no Sul. Essas e esses participantes atuam diretamente em suas bases como representantes do Legislativo e Executivo em níveis, municipal, estadual e federal, além de estarem inseridos(as) nas pastorais sociais, conselhos de direitos e outros espaços de participação social.

Com base nos dados das turmas 8ª, 9ª e 10ª, que somam 143 pessoas, sendo 72 homens e 71 mulheres, 95% possuem curso superior e 75% estão inseridos(as) em atividades sociais e conselhos de direitos. Alguns(as) participam de partidos políticos, em sua maioria de esquerda e centro-esquerda.

As avaliações dos participantes indicam a qualidade da formação e o avanço na aprendizagem, além de oferecerem sugestões de melhorias.

Alguns relatos das avaliações das turmas 8ª, 9ª e 10ª:

> (fala 1) Importante debate sobre Comunicação e Política. O papel da comunicação e da mídia nos processos políticos do Brasil, a instrumentalização do povo; (fala 2) as questões ambientais são de extrema importância e poderiam permear todas as disciplinas. Ênfase na Lauda-o Si e na Economia de Francisco e Clara. Novos paradigmas eclesiais e sociais; (fala 3) Representatividade regional; (fala 4) Dedicação e comprometimento da maioria dos participantes; (fala 5) Pessoas com projetos comuns; (fala 6) às assessorias comprometidas e competentes; (fala 7) Transformação através do aprender; (fala 8) Ampliou a visão, clareou mais o entendimento dos processos da realidade; (fala 9) Trouxe mais embasamento para a atuação social; (fala 10) Estabeleceu um compromisso com a DSI, ou melhor, ter clareza do quanto ela ilumina e nos compromete com as lutas em que nos engajamos.

Como proposta de continuidade na educação política, o Cefep vem, gradualmente, aumentando o número de brasileiros e brasileiras conscientes de seu dever como cidadãos(ãs) emancipados(as), com protagonismo na construção de uma sociedade mais igualitária, onde todos e todas tenham vida digna, como assegura a Constituição Federal em seus artigos 5º e 6º (1988):

> Art. 5º: "Todos são iguais perante a lei, sem distinção de qualquer natureza, garantindo-se aos brasileiros e aos estrangeiros residentes no País a inviolabilidade do direito à vida, à liberdade, à igualdade, à segurança e à propriedade".

> Art. 6º: "São direitos sociais a educação, a saúde, a alimentação, o trabalho, a moradia, o transporte, o lazer, a segurança, a previdência social, a proteção à maternidade e à infância, a assistência aos desamparados, na forma desta Constituição".

Fazer com que os direitos sociais se materializem é um desafio constante para as instituições que lutam para que esses sejam garantidos. Entre elas, destaca-se a Igreja católica, que, por meio do Cefep, contribui na formação de consciências críticas, possibilitando cada vez mais que cidadãos(as) se emancipem e se tornem protagonistas da história em que estão inseridos, engajando-se na sociedade à qual pertencem, para que se concretize o que disse Jesus em João 10,10: "Eu vim para que se todos tenham vida, e a tenham em abundância".

PLANTANDO SEMENTES

Eugênio Magno Martins de Oliveira
Egresso da primeira turma e membro
da Rede de Assessores do Cefep

Caminhando ao longo do mar da Galileia, Jesus viu dois irmãos:
Simão, chamado Pedro, e seu irmão André, que lançavam as redes ao
mar, pois eram pescadores.
Disse-lhes Jesus: "Vinde e segui-me, e farei de vós pescadores
de homens".
Eles deixaram logo as redes e seguiram-no.
Um pouco mais adiante, viu outros dois irmãos, Tiago, filho de Bedel, e
seu irmão João, que estavam no barco, na companhia de seu pai,
Zebedeu, a consertar as redes. Jesus chamou-os, e eles, deixando o
barco e o pai, seguiram-no (*Evangelho segundo São Mateus* 4,18-22).

Ouvir e atender o chamado é tarefa e missão de todo cristão. Anúncio e denúncia são compromissos daqueles que, encharcados de fé, assumem o profetismo de *Ver, Julgar* e *Agir*, no mundo, na sociedade, na política. Foi assim, e à luz do Evangelho e da Doutrina Social da Igreja, que 54 cristãos leigos e leigas, de várias regiões do Brasil fizeram-se sementes e semeadores, honrados com o privilégio e a responsabilidade de integrarem a primeira turma do "Curso Nacional de Formação Política para Cristãos" – 2006-2007, do recém-fundado Centro Nacional de Fé e Política "Dom Helder Câmara" (Cefep), em Brasília-DF.

O perfil da turma era rico em diversidade. Homens e mulheres de muitos estados brasileiros e das mais variadas culturas e formações acadêmicas e profissionais. Todos envolvidos com pastorais e movimentos sociais. Alguns com vínculos diretos na política, funções em partidos, assessorias parlamentares e no exercício de mandatos ou na condição de "ex", em cargos legislativos e executivos. Dentre eles, dois estavam com mandatos: Dalmo Elisyo, vereador em Carmo da Cachoeira, e João Mauro, prefeito em Brazópolis, ambos mineiros. À propósito, Minas Gerais foi o estado com o maior número de representantes nessa turma: quatorze alunos.

A maioria de nós desembarcou no Centro Cultural Missionário (CCM), sede do curso, na capital do país, no final de semana que antecedia a segunda-feira, 16 de janeiro de 2006, data do início da primeira etapa presencial do curso que se estendeu até 28/01/2006. Tivemos uma acolhida calorosa por parte do padre Ernanne Pinheiro, Geraldo Aguiar, Sidney Sabino e de todo o pessoal da casa. Nesse final de semana, apresentaram-nos as dependências do CCM, e exploramos – a pé – os arredores, inaugurando um novo jeito de conhecer e revisitar os pontos mais próximos do conjunto arquitetônico de Brasília.

Em nossa estada no Distrito Federal, além dos passeios improvisados por pequenos grupos, fizemos visitas técnicas e giros turísticos organizados pela coordenação do curso. Visitamos a Câmara e o Senado, o Instituto de Estudos Socioeconômicos (INESC), a Catedral de Brasília, o Memorial JK, o Mosteiro de São Bento, o Lago Paranoá, entre outros locais, e participamos de missa, na capela da Conferência Nacional dos Bispos do Brasil (CNBB), com a presença do então senador, Marco Maciel.

Nossa jornada foi intensa, tanto na primeira etapa presencial de janeiro de 2006, quanto na segunda, que aconteceu de 15 a 26/1/2007. Durante 15 dias, tivemos atividades nos três turnos: manhã, tarde e noite. Grande parte de nosso tempo era dedicado às aulas expositivas, mas também participamos de debates, sessões de vídeo e, embora tivéssemos de entregar sínteses dos conteúdos vistos no dia, havia tempo para bater uma bolinha, duas vezes por semana, e ainda encarar a "Pastoral Noturna", sempre que possível. Todos os dias, tínhamos celebração eucarística, onde não faltava mística, e, aos fins de semana, confraternizações no quiosque do CCM. Em muitas delas os colegas nos brindavam com manifestações culturais típicas de suas regiões: comidas, danças, músicas, causos e parlendas.

Foram tempos de encantamento com essa missão sociopolítica cristã; muito aprendizado, partilhas e construção de inúmeros relacionamentos fraternos e duradouros. Logo nos primeiros dias de curso, fizemos o sorteio da brincadeira "Anjo", em que, ao sermos sorteados com um nome, seríamos o anjo responsável para apoiar aquele(a) colega durante todo o curso. Mandávamos bilhetes, fazíamos um mimo e oferecíamos regalos, de forma anônima, até a revelação dos anjos, no final do curso, ocasião em que nos demos a conhecer em um encontro festivo e celebrativo, de envio, onde trocamos presentes, sorrisos e afetos.

Durante as duas etapas presenciais, para além dos estudos, nós nos incumbíamos de alguns cuidados com o nosso espaço, com a casa e com os colegas. As duplas que ocupavam os quartos eram responsáveis pela limpeza e manutenção destes. A turma também era dividida e se revezava para cumprir tarefas tais como: Mística e Celebração; Arrumação das mesas do refeitório, lavação e secagem das louças e talheres e Animação, equipe que se responsabilizava até mesmo pelo despertar da turma, fazendo cortejo musical pelos corredores dos dormitórios. Tudo feito com esmero e adesão de todos, em um clima de alegre cordialidade.

Entre as duas etapas presenciais em janeiro de 2006 e janeiro de 2007, tivemos uma etapa intermediária – a distância –, de 13 de fevereiro a 22 de dezembro de 2006, separada apenas por um pequeno recesso, entre 15 e 30 de julho. As aulas dessa longa fase foram disponibilizadas na plataforma de Educação a Distância (EAD), da Pontifícia Universidade Católica do Rio de Janeiro (PUC-Rio), sob a coordenação solidária e generosa de Gilda e Giana. Depois de estudarmos os conteúdos enviados, participávamos de calorosos debates, em um chat, que às vezes chegava a mais de cem intervenções diárias. Ao final de cada uma das disciplinas, realizávamos trabalhos e éramos avaliados pelos tutores.

Todo o percurso da formação, presencial e a distância, foi extremamente vigoroso, nos sentidos quantitativo, qualitativo e de profundidade das abordagens. O Cefep nos aportou vasto conhecimento, alimentou a esperança, confirmou vocações e transformou vidas. O currículo do curso contemplou diversos temas das áreas de *Espiritualidade, Política, Fé, Economia, Ética, Cidadania, Democracia, História, Doutrina Social da Igreja, Comunicação, Meio Ambiente e Recursos Naturais,* dentre outros, subdivididos em dezenas de conteúdos assessorados por especialistas renomados, comprometidos com o evangelho e com a transformação do país. Somaram-se às aulas expositivas, debates e conversas informais, a presença de padres, bispos, escritores, líderes de movimentos sociais e representantes de partidos políticos. Luíza Erundina, Patrus Ananias, Pedro Simon e Orlando Fantazzini, para citar apenas os mais conhecidos, foram algumas das personalidades do mundo político que palestraram para a turma. Assim, a terra foi adubada e as sementes fortificadas.

Santo Atanásio, bispo de Alexandria, no sermão em louvor a Santo André, diz que André trocou as instruções de João Batista pelos ensinamentos de Cristo, selando as palavras do Batista, e assim André se tornou a primeira planta do jardim apostólico. Como André, primogênito no colégio apostólico, os alunos da primeira turma se configuram como primeiras sementes do Cefep. E como sementes deram frutos, e os frutos deram outras sementes que geraram novos frutos, que continuam a semear e frutificar. Onde as dioceses foram receptivas, parceiras e cúmplices do chamado, nasceram novas Escolas de Fé e Política, que também já produzem muitos frutos e novas sementes.

Nas comemorações dos 20 Anos do nosso querido e abençoado Cefep, reverenciamos os fundadores deste importante centro de pensamento e radiação da cidadania e da política, ancorados na fé, assim como todos os parceiros, coordenadores(as), assessores(as) e alunos/as que por lá passaram e seguem semeando.

Cada um e cada uma das pessoas que compõem o quadro da primeira turma (incluindo aqueles que precocemente nos deixaram) representam o adubo e as bravas sementes que deram vida ao Ipê que plantamos como lembrança de nossa passagem primeva pelo Cefep, símbolo vicejante do nosso compromisso com as causas do reino na terra.

TESTEMUNHOS DAS TURMAS

Cláudia de Fátima dos Santos
Diocese de Palmares-PE.
É egressa da 1ª turma.

Integrei a primeira turma da Escola Pe. Humberto Plummen, em 2004, e fui uma das 9 pessoas do Regional Nordeste 2 indicadas ao Cefep. Honrada e feliz pelo convite, havia medo e preocupação com tamanha responsabilidade.

As aulas riquíssimas, experiências extraordinárias, desafiadoras, pelo alto nível do curso, muito além das minhas expectativas. A continuidade EAD na época foi difícil: sistema da PUC Rio, internet, habilidade com computador entre outros.

Após ter iniciado o curso, descobri que estava grávida e com risco de abortamento. Foi uma gravidez de risco: pressão alta, muito inchaço, dores, muitos cuidados e muitas restrições.

Pe. Ernanne veio a Garanhuns conversar conosco, entre os módulos presenciais. Ao ver minhas condições, perguntou se eu teria condições de continuar e ir à segunda etapa, com um bebê de 3 meses. Respondi que sim, concluiria o curso, que eu honraria a oportunidade que me foi dada. E fui!

Indo à segunda etapa, saímos de Recife, às 10h, e cheguei a Brasília, às 00h05m. Pe. Ernane nos esperava no aeroporto. Eu me emociono toda vez que lembro desse carinho dele conosco. Foi muito difícil chegar, houve conexão e escalas não previstas. Muito tempo de voo. Devido à altitude, mantive a bebê todo tempo no seio e cheguei com 2 calos de sangue nos mamilos.

Recebemos de Geraldo e Pe. Ernane toda condição, atenção, carinho e apoio. Ela teve bercinho e cuidadora durante as aulas da manhã e da tarde.

Sou eternamente grata ao Cefep. É um marco em minha vida pessoal, profissional e pastoral. Após o Cefep, criamos, com Dom Genival Saraiva, a Escola Diocesana de Fé e Política Pe. Ramiro Ludeña, e sigo integrando até hoje a coordenação de minha escola local, que está em sua 11ª turma, com certificação pelo Instituto Humanitas da Universidade Católica de Pernambuco (UNICAP).

Maria Cristina de Paula Machado
Diocese de São José dos Campos-SP.
É egressa da 2ª turma.

Participei da 4ª Turma 2008-2009. O curso proporcionou a oportunidade de compartilhar as experiências com companheiros e companheiras de vários Estados Brasileiros e conhecer um pouco da realidade da vida geopolítica de cada canto de nosso querido País.

Conhecer a história como ela realmente aconteceu; conviver com professores, muitas testemunhas oculares; que participaram ativamente durante o período da Ditadura de 64; que partilharam suas experiências de resistência para enfrentar esse momento difícil com criatividade para mudar o sistema: trouxe a certeza de que um outro mundo é possível.

Foi um curso completo, com disciplinas, tais como os princípios básicos da Doutrina Social da Igreja, Legislação eleitoral e História da formação social, econômica, política e cultural do Brasil; Cidadania dos últimos 50 anos, Conselhos Municipais, Orçamento Participativo, Noções de Bioética, Comunicação e muito mais.

Cursos como esse mantêm a chama da utopia acesa. Contribui para que continuemos lutando e, nossa dedicação à causa valha a pena. Abre nossos horizontes.

Parabenizo todos os assessores do Cefep e envio um carinho especial para o Geraldo, que foi o anfitrião que acolheu minha turma.

Carlúcia Maria Silva
Arquidiocese de Belo Horizonte-MG.
É egressa da 3ª turma.

Gratidão, Cefep, por fazer parte da minha vida e da minha história!

A realidade permanentemente nos desafia a ser fiel ao Evangelho, vivenciar e testemunhar a solidariedade e o respeito às diferenças. Interpelada pelos gritos que ecoam, sobretudo entre os empobrecidos, descartados e marginalizados, participei da 3ª turma do Cefep. Uma experiência de aprendizados, protagonizada pela diversidade de homens e mulheres advindos dos cantos e recantos deste país continental. Além dos conteúdos apreendidos, a vivência de uma espiritualidade encarnada, a troca de experiências e de saberes foram o grande diferencial.

Participar do Cefep foi um divisor de águas. Compreendi a importância e necessidade de reafirmar, na Igreja e na Sociedade, a identidade, vocação, espiritualidade e missão, enquanto mulher leiga, e a formação política como instrumento transformador na construção do Bem Viver. O trabalho de conclusão de curso, cujo tema foi "O Laicato e sua contribuição na efetivação e fortalecimento dos direitos humanos e cidadania – o caso do CNLB Leste II", reafirmou o compromisso batismal, fortaleceu a mística e espiritualidade que alimenta a caminhada e a solidariedade como caminho para a amizade social, de que nos fala o Papa Francisco. Concluímos o curso mais fortalecidos, convencidos de que nossa vocação-missão é defender a vida; para isso, fé e política – a do bem comum – são inseparáveis.

Dolaine Regina de Sousa Coimbra
Diocese de Jundiaí-SP.
É egressa da 4ª turma.

Sou Dolaine Regina de Sousa Coimbra Santos, aluna da 4ª turma do Cefep. Em outubro de 2011, na coordenação da CF da Diocese de Jundiaí-SP, fui para o encontro do Regional Sul 1 da CNBB, em Itaici-SP, e Antonio Evangelista, que foi da 3ª turma comunicou a abertura das inscrições. O pároco Pe. Arnaldo Boesing, SDS, redigiu a Carta, guiando-me para a inscrição. Eu participei a partir de janeiro de 2012 a 2013, nas aulas presenciais e online. Na proposta do TCC, entrei em contato com o Pe. Fernando Sartori, SDS, que indicou dois orientadores: Ms Fredericus Svabo Garcz, que interrompeu o projeto ao retornar a seu país, e Ms Wilson Agnaldo Horvath, que orientou a conclusão do TCC, cujo tema foi "A esperança como elemento-chave para a caminhada cristã", a partir dos estudos de Ernest Bloch, Jurgen Moltamn, Pe. José Comblin e Viktor Frankl. Ao apresentar o TCC, recebi nota 10 das professoras da PUC Rio. O curso do Cefep foi ótimo. Desde 1996, faço parte da CF e da Pastoral Fé e Política, e, em 2016, passei a ser a coordenadora da Escola de Fé e Política D. Amaury Castanho, da Diocese de Jundiaí-SP.

Emerson Ferreira da Costa
Arquidiocese de Aracaju-SE.
É egresso da 5ª turma.

Em 2015, tive a honra de integrar a 5ª turma do curso do Centro Nacional de Fé e Política Dom Helder Câmara. Desde sua fundação, em 21 de fevereiro de 2005, o Cefep tem sido um espaço de formação política para cristãos leigos e leigas, e eu tive a felicidade de fazer parte dessa história.

Ao longo dessas duas décadas, o Centro de Formação tem fomentado em nosso País um pensamento social cristão, à luz da

Doutrina Social da Igreja, e contribuído para a formação de lideranças inseridas na política brasileira, em suas diferentes formas e níveis, a partir de uma reflexão bíblica e teológica das ciências sociais e da filosofia.

O curso não apenas me proporcionou uma visão mais aprofundada sobre a interseção entre fé e política, mas também me permitiu conviver com professores que foram militantes da Ação Católica (AC) e da Juventude Universitária Católica (JUC), no período da ditadura dos anos 60. Dessa forma a escola nos propiciou conviver com pessoas que não só testemunharam, mas lutaram na defesa da democracia. Essa troca de experiências e conhecimentos foi fundamental para revigorar e fortalecer minhas convicções políticas.

A participação no Cefep foi um divisor de águas em minha jornada política e espiritual, além do convívio com o Pe. Ernane, o Geraldo, o Daniel Seidel, a Odete e o Renê, em nomes dos quais, homenageio todas as pessoas que fazem o Cefep.

Carla Patrícia Ribeiro Caminha

Diocese de Palmares-PE.

É egressa da 6ª turma.

O Cefep é uma das mais lindas, marcantes e perenes memórias afetivas de minha trajetória de vida. É lembrar o abraço de boas-vindas de Pe. Ernanne e sua profecia; experimentar a afetuosa orientação constante de Geraldo; é sentir-se família, no cuidado de Merli e Celso; é cantar "Acorda, Maria Bonita" cedinho, com Claudinho, para acordar todo mundo, sem ter a oportunidade de repetir esse feito porque ele foi morar com Deus.

Celebrar o Cefep é redescobrir o profeta Amós; sentir-se progressivamente inquieta e não temer sair de espaços que nos oprimem; é derrubar os muros que possam nos separar e experenciar a celebração ecumênica dos 500 anos da Reforma com Nelcira; é celebrar a Eucaristia, no chão do Nordeste 2, em Recife, com os pães sem fermento, feitos cuidadosamente na cozinha.

Viver o Cefep é acordar cedo no dia "livre" e sair pra turistar em Brasília, é não perder uma única "pastoral noturna"; é ver em Heloísa brotar a vida e ainda ajudar na escolha do nome; é se divertir na Noite Cultural, declamar poesia com Francielly e, de quebra, testemunhar o amor de Géssica e Kilinho.

Vivenciar o Cefep é partilhar a vida, a fé e a certeza de construir o Reino em nosso meio. Quem passou pelo Cefep e não mudou sua forma de coexistir neste mundo é porque não viveu o Cefep, só passou... Em mim, o Cefep é presença, é mudança, é certeza de que posso seguir esperançando ao lado de tanta gente que qualifica não apenas minha vida, mas nosso mundo.

Sou Carla Caminha, pernambucana de Palmares, feminista, educadora popular em construção, teimosa integrante da Escola Padre Humberto Plummen e aprendiz da melhor 6ª turma do Cefep. Para mim, o Cefep é começo, é meio e é começo.

Solange Marques Domingos da Silva
Arquidiocese de Maringá-PR.
É egressa da 7ª turma.

Sou Solange Marques da Arquidiocese de Maringá. Em 2018, fui indicada para atuar junto ao CNLB (Conselho Nacional do Laicato do Brasil) arquidiocesano, na linha de projetos de cidadania. Minha experiência com o Cefep trouxe um enriquecimento muito amplo para esta caminhada. Desenvolvi meu TCC sobre os mandatos coletivos, o qual utilizei para orientações políticas em Maringá.

No campo das participações locais consegui articular lideranças para empoderamento de vários bairros fomentando a criação de Equipes de Intervenção Social, um projeto do CNLB arquidiocesano. Várias conquistas foram feitas, como exemplo, cito a transformação de um local que era depósito de entulhos e hoje é uma cooperativa com base na Economia Popular Solidária (Viveiro de Flores Piatã). Cito também a articulação para criação de um parque linear, em um fundo de vale, que era depósito de lixo e atualmente é um local de caminhada, convívio de famílias, crianças e juventudes.

Na eleição passada, articulamos a equipe de Intervenção para um diálogo com as candidaturas para a assinatura de um termo de compromisso dos candidatos juntos aos bairros; foram 14 proposições construídas coletivamente. Neste ano, já reunimos a gestão eleita e firmamos os compromissos assumidos.

Atualmente, faço parte do Conselho de Planejamento do Município de Maringá, atuo na Equipe de Intervenção citada, estou no Conselho local de saúde, estou como presidente da Cooperativa Viveiro de Flores Piatã e contínuo os trabalhos junto ao CNLB arquidiocesano.

Minha gratidão à Equipe do Cefep, que fez parte desse aprendizado para atuação em minha participação cidadã!

Luiz Eduardo de Souza Pinto
Arquidiocese de Montes Claros-MG.
É egresso da 8ª turma.

A produção deste conciso texto impõe um duplo desafio: traduzir um sentimento que seja coletivo à oitava turma do Curso Nacional de Formação Política para Cristãos(ãs) e, de forma simultânea, expressar a memória comunitária desse grupo. Seja na apresentação inicial de cada participante – onde se principia um processo de conexão (com o Cefep e entre os(as) participantes), que se sustenta no espírito de ser e sentir-se cefepiano(a) –, ou no instante memorável da fala do Pe. Ernanne Pinheiro, que nos eleva à compreensão do sentido de integrar a dimensão ética, intelectual e espiritual à prática da ação política, cuja execução passa a ser compreendida como a forma mais elevada da caridade. A realização do curso gestou nos(as) participantes um sentimento de resistência e de desejo pela práxis voltada à construção de uma sociedade justa e solidária. Ao mesmo tempo, provocou em cada novo(a) cefepiano(a) um laço de companheirismo que nos vincula em dimensão perene, apesar das distâncias geográficas.

A participação na oitava turma criou, em cada um de nós, uma ampliação do horizonte intelectual que nos move, espiritualizados(as), para as lutas pela justiça social, e nos conectou por meio de uma intensa amizade. Isso registramos de maneira permanente em nossas memórias afetivas.

Márcia Regina de Souza Silva
Diocese de Ji-Paraná-RO.
Egressa da 9ª turma.

Participar da 9ª turma do curso Formação Política para Cristãos Leigos e Leigas, do Centro Nacional de Fé e Política "Dom Helder Câmara", foi uma travessia marcante em minha caminhada de fé e missão. No desenvolvimento do TCC, tive a alegria de revisitar minha experiência de vereadora, em Ji-Paraná-RO. Uma história que começou lá atrás, na Escola Diocesana de Fé e Política, e me inspirou a seguir na luta, inclusive me animou a ser candidata a vereadora em 2024, mesmo em tempos difíceis e polarizados.

O curso fortaleceu minha escolha por um cristianismo comprometido com os mais pobres, fiel ao espírito do Concílio Vaticano II e enraizado na Teologia da Libertação. Sigo acreditando que Fé e Política não se separam: elas se encontram no cuidado com a vida, na defesa da justiça social e na esperança que se inspira nas práticas do Evangelho. Ofereceu também subsídios teóricos e práticos para a missão de coordenar a Escola Diocesana de Fé e Política, ampliando horizontes e aprofundando a articulação entre fé e vida, fé e política.

Ajudou-me a reconhecer que faço parte de uma pequena, mas resistente minoria na Igreja, que persiste, resiste, sonha e luta. E que não sigo esta trajetória sozinha; há tantos que seguem os passos de Jesus de Nazaré, com ternura, coragem e profecia.

Padre Renan Brito Silva
Aluno da 10ª turma.
Diocese de Guaxupé-MG.

O Cefep foi um grande despertar em minha vida. Primeiramente, foi um encontro de culturas e conhecimentos, que emanaram da existência, com pessoas de diferentes lugares, que dividiram a vida e a história. Tratou-se de uma experiência ímpar conviver com realidades tão distantes e, ao mesmo tempo, tão próximas, que ajudaram a elucidar as realidades teóricas do conteúdo apresentado. As aulas, as partilhas, as orações responsabilizaram ainda mais o compromisso com a Doutrina Social da Igreja, com a justiça social, com o amor de Deus pelos menos favorecidos. A riqueza do Cefep está em podermos voltar para nossas casas, paróquias e pastorais, conscientes do trabalho que precisa ser feito. Vivo esse despertar em minha comunidade e em minha diocese, aproveitando de todos os ensinamentos para construir lugares de reflexão da DSI, em nossa Escola de Fé e Política, e levando ao Projeto Humano Integral da diocese uma consciência de nossa atuação como cristãos no mundo. Esses momentos de percepção política, social e espiritual do Cefep conduziram ainda mais minhas mãos a serviço desse amor incondicional aos irmãos e às irmãs.

A PARTICIPAÇÃO EVANGÉLICA NO CEFEP

Pastor José Marcos
Pastor da Igreja Batista em Coqueiral (Recife-PE)

Sob os signos de Dom Helder Câmara e do avivamento do Espírito que a Igreja Católica Apostólica Romana vivenciou na América Latina, pós-Concílio Vaticano II e Medellín, está todo o movimento de Formação Popular com vistas à transformação social. Nessa esteira, estão as primeiras escolas de fé e política que nasceram no Brasil, como o caso da Escola Padre Humberto Plummen, por aqui, pelo Regional Nordeste 2, e consequentemente nosso tão querido Cefep. Na mesma esteira, em Recife, nascia um filho extemporâneo, na Igreja Batista, em Coqueiral (IBC).

A Igreja Batista em Coqueiral foi fundada em 1925 como produto do crescimento dos batistas no Brasil, principalmente no Nordeste. Durante seus 70 primeiros anos, essa igreja se fez como um ente religioso, cuja finalidade era suprir uma demanda que consistia em dar conta apenas da vida após a morte. Foi no final da década de 90 que, submetida a uma pergunta inquietante, a igreja passou por um profundo processo de crise existencial. Diante da pergunta: "Se nossa igreja deixasse de existir abruptamente, faria falta à nossa sociedade?", a sonora resposta foi "não". A igreja envergonhou-se não só com seus sofrimentos internos, que foram muitos, desde o ano de 1984 até o ano de 2000, mas também com o fato de que os problemas da vida concreta das pessoas de seu entorno não afetavam em nenhuma instância seu modo de viver. A partir desse momento, a igreja começou a perceber que precisava mudar para se parecer mais com Jesus de Nazaré e, de maneira quase artesanal, começou a cuidar das crianças de seu entorno.

Ao passo em que se envolve com a dor concreta da vida, a IBC vai se tornando cada vez mais perita em lidar com as desgraças das pessoas, tanto de dentro quanto de fora. Com o passar do tempo, já no fim da primeira década dos anos 2000, a igreja já executava uma série de projetos sociais importantes, mas foi exatamente neste momento em que chegou à conclusão de que tinha se tornado perita em agir nos efeitos da miséria, mas leiga em compreender suas causas.

No ano de 2011, um grupo da igreja participou do 8º Encontro do Movimento Nacional de Fé e Política, em Embu das Artes-SP, e deparou-se com a frase de Dom Helder Câmara: "Se dou pão ao pobre, me chamam de santo; mas se pergunto por que o pobre não tem pão, me chamam de comunista", e concluiu que a igreja tinha se tornado perita em dar pão ao pobre, mas não tinha nenhuma noção dos porquês de o pobre não ter pão. Foi nesse ponto que compreendemos profundamente que precisávamos entender as causas da miséria e enxergamos que, dentro do campo batista, não havia formação adequada para isso, porque a mesma alienação parecia ser comum, nas quase sete mil igrejas de sua convenção.

Em busca de respostas, tomamos conhecimento da existência da Escola de Fé e Política Padre Humberto Plummen e decidimos solicitar a entrada de um grupo de líderes da Igreja Batista, em Coqueiral, na referida escola. Uma vez aceita tal entrada, nove pessoas, incluindo seu pastor, estudaram por dois anos nessa escola. Esse grupo, encantado com os novos aprendizados e o que se descortinava como demanda prática de ação social, percebeu que precisava dar escala a esta formação e, em 2011, solicitou ao secretário Nacional do Cefep, Pe. Ernanne Pinheiro, a possibilidade da criação da primeira escola de fé e política evangélica do Brasil e a caminhada conjunta com aquele centro. É a partir desse momento que nasceu a primeira escola de fé e política evangélica do Brasil, denominada Martin Luther King Jr.

Como consequência desse relacionamento ecumênico entre a IBC, as Escolas de Fé e Política, o Movimento Nacional de Fé e Política e o Cefep, dois estudantes da igreja ingressaram na quarta turma do Cefep, nos anos de 2012 e 2013. Os estudantes foram o pastor José Marcos da Silva e Evandro Alves de Freitas.

Quanto mais o tempo passava, mais tomávamos consciência da demanda de formação política do povo evangélico, e isso culminou na criação de outras escolas de fé e política do segmento. Primeiro, a Escola dos Sertões de Fé e Política, que atendia pastores e líderes dos Sertões de Paraíba, Pernambuco e Rio Grande do Norte; depois, a Escola de Fé e Política William Wilberforce, para atender a região metropolitana de Natal; e, por fim, a Escola de Fé e Política da Bahia, para atender a região metropolitana de Salvador.

Com o passar do tempo, em turmas cheias, ano após ano, a Escola do Recife formou cerca de 600 lideranças em uma década e fermentou o nascimento de mais de uma dezena de movimentos sociais de inspiração cristã evangélica, que causaram grandes contribuições locais e estaduais, como, por exemplos, dentre tantos, o movimento Pernambuco de Paz, que foi responsável por pressionar o governo estadual a implementar novas políticas na área de segurança pública, o que fez reduzir de 6.000 para cerca de 2.000 o número de assassinatos violentos por ano em nosso estado, e o Projeto Rio Limpo Cidade Saudável, que hoje influencia decisivamente nas ações político-comunitárias de combate e enfrentamento às inundações na cidade do Recife. Hoje, enxergamos estudantes de nossas escolas de fé e política permeando diversos movimentos, tanto religiosos quanto não religiosos, e alguns deles ocupando lugares na política partidária.

No atual momento, estamos enviando esforços para virtualizar a formação, pois há pessoas de todo o Brasil e de fora dele matriculadas em nossas escolas. Além disso, estamos em articulação para a criação de uma escola de fé e política virtual em espanhol, para atender o continente latino-americano e caribenho. Iniciamos uma pós-graduação em controle social e monitoramento de políticas públicas com a Universidade Católica de Pernambuco. E, durante o corrente ano de 2025, criaremos inúmeras iniciativas de formação popular para as comunidades da periferia do Recife que cercam o bairro de Coqueiral.

A inserção no mundo da formação política, primeiramente da Igreja Batista em Coqueiral, e de tantas outras igrejas depois, tem nos dado condições de compreender o porquê de o pobre não ter pão e, consequentemente, de atuação política coordenada em vários setores, tanto do Recife quanto das regiões em que as escolas de fé e política nasceram.

Agradecemos a Deus a existência do Cefep e sabemos que esse centro continua cumprindo sua missão e usando a força do Evangelho a serviço das transformações sociais.

O PAPEL DAS ESCOLAS DE FÉ E POLÍTICA OU FÉ E CIDADANIA NA HISTÓRIA DO CEFEP

Padre Paulo Adolfo
Membro da rede de Assessores do Cefep

Muito se fala sobre as Escolas de Fé e Política ou Fé e Cidadania. Mas o que de fato são tais escolas e qual a contribuição que têm dado ao Cefep?

Na página do Cefep, na internet, é possível baixar um Guia para a Criação de Escolas. Esse Guia indica as características de uma escola de Fé e Política: ter um curso regular, ter como objetivo a formação de consciência crítica e educar para a militância política, a partir da fé, e possuir um vínculo estável com a Igreja institucional. Pode ser com diocese ou algum movimento eclesial.

A primeira escola de Fé e Política conhecida foi criada por Dom Antônio Possamai, na diocese de Ji Paraná, no estado de

Rondônia, em 1990. Sendo essa uma escola que continua ativa até os dias de hoje, sem nunca ter interrompido sua ação. Em seguida, foram surgindo outras escolas criadas por algumas dioceses, que tinham bispos preocupados com a situação política do país e qual contribuição a Igreja poderia dar. Outras escolas foram surgindo ligadas ao Movimento Nacional de Fé e Política, ao Conselho Nacional do Laicato do Brasil, às pastorais sociais e a movimentos eclesiais ligados à questão social. O regional Nordeste 2 da CNBB, que compreende os estados de Pernambuco, Paraíba, Alagoas e Rio Grande do Norte, criou a primeira escola regional, que continua suas atividades até hoje. Esse movimento do surgimento das escolas chamou a atenção do Pe. José Ernanne Pinheiro (1), então assessor político da CNBB. Pe. Ernanne, como simplesmente é conhecido, interessou-se por esse novo movimento, que se tornava robusto no Brasil, e, conversando com outras pessoas, entre elas alguns cristãos leigos com mandato, resolveu criar uma Escola Nacional de Fé e Política. Dessa iniciativa nasceu o Cefep, tendo as escolas como um de seus três eixos (2). Assim, a criação do Cefep deve-se às Escolas de Fé e Política, que são anteriores a ele. Quando o Cefep foi criado havia ao todo, no Brasil, dezesseis escolas, sendo uma delas a do regional Nordeste 2. Com o Cefep fazendo a articulação das escolas em âmbito nacional, seu número cresceu rapidamente chegando ao número de cem, no ano de 2020, sendo algumas outras regionais assumidas pelos bispos locais.

Podemos dizer que as escolas surgiram já no momento de refluxo da Igreja progressista no Brasil, quando já havia terminada a ditadura militar e tínhamos uma Carta Magna considerada "Cidadã". Nesse contexto, a contribuição das escolas tem sido no sentido de fomentar a participação dos cristãos leigos e leigas na política, em seus diversos âmbitos, como os Conselhos de Direitos, sindicatos, associações e partidos políticos. Com essa atuação, reforça-se também a garantia dos direitos cidadãos aprovados na Constituição Federal de 1988.

Um capítulo bonito da história das escolas é sua parceria com a Igreja Batista de Coqueiral (IBC), Recife. Por meio do Curso Nacional de Política do Cefep, alguns alunos indicados pela Igreja se formaram e criaram a escola da IBC, bem como uma rede de escolas chamada "Dos Sertões".

REDE DE ASSESSORES E ASSESSORAS DO CEFEP: 20 ANOS COLABORANDO COM O PENSAMENTO SOCIAL CRISTÃO A SERVIÇO DA POLÍTICA

Cesar Sanson
Membro da Rede de Assessores do Cefep

A Rede de Assessores e Assessoras é parte constitutiva do nascimento do Centro Nacional de Fé e Política – CEFEP. Ainda em 2005, ano de sua fundação, e no período que o antecedeu, um grupo de pessoas convidadas pelo Pe. José Ernanne Pinheiro reuniu-se para colaborar com os objetivos e com a articulação que levou à criação do CEFEP. Em comum, essas pessoas já atuavam com assessorias, articulações e produção de subsídios para Escolas de Fé e Política diocesanas e/ou regionais, bem como no Movimento Fé e Política. Eram professores(as) universitários(as), profissionais liberais, parlamentares e religiosos(as), todos com forte atuação social a serviço da Igreja.

A Rede de Assessores(as), portanto, não surgiu posteriormente à criação do CEFEP; ela nasceu no próprio processo de constituição do centro e, desde os primeiros encontros nacionais, reunia-se com as coordenações das Escolas de Fé e Política espalhadas pelo país.

Desde o início, os propósitos da Rede foram definidos com base em alguns pressupostos e tarefas:

– Reunir pessoas que refletem e pesquisam sobre fé, política e cidadania, contribuindo para a formação do pensamento social cristão no país;

– Contribuir na formação oferecida pelos cursos do CEFEP;

– Partilhar artigos no site e nas redes sociais do CEFEP;

– Publicar livros e cartilhas;

– Oferecer assessoria às atividades formativas do CEFEP e às escolas locais e regionais.

Ao longo dos anos, a Rede foi se transformando, sobretudo no sentido de se ampliar. Os objetivos, contudo, permaneceram os mesmos. Um novo propósito foi agregado: alguns assessores(as) da Rede passaram a colaborar na articulação e criação de Escolas de Fé e Política.

Inicialmente, a Rede era formada por poucas pessoas, quase todas convidadas pelo Pe. Ernanne. Após a realização da primeira turma do curso nacional de formação do CEFEP, em 2006, participantes dessa turma e de turmas seguintes passaram a ser convidados a integrar a Rede.

Nos primeiros anos, a Rede reunia-se duas vezes ao ano. Posteriormente, por limitações de recursos, os encontros passaram a ocorrer uma vez ao ano. Essas reuniões sempre ocorreram de forma simultânea às coordenações das Escolas de Fé e Política, salvo raras exceções. O objetivo dessa simultaneidade era criar uma relação orgânica entre a Rede e as Escolas. Metodologicamente, os encontros nacionais se iniciavam nas noites de sexta-feira, com a reunião da Rede, focada na análise de conjuntura. No sábado e domingo, a Rede se integrava à programação das Escolas. Em alguns momentos, no entanto, realizava reuniões paralelas para tratar de pautas específicas.

A colaboração da Rede, ao longo desses 20 anos, é inestimável. Três atividades merecem destaque por sua constância:

a) assessoria às Escolas de Fé e Política diocesanas e regionais;

b) assessoria ao curso nacional de Fé e Política do CEFEP;

c) produção de subsídios – textos, cartilhas e livros.

No entanto, há um propósito que, nestes 20 anos, a Rede ainda não conseguiu efetivar plenamente: colaborar para a constituição de um pensamento social cristão sólido em diálogo com a política e capaz de influenciar o debate público nacional. Esse permanece um enorme desafio, especialmente diante do crescimento recente de organizações, grupos e influencers – religiosos e leigos – que utilizam as redes sociais para difundir conteúdos que associam ideologias de direita e extrema-direita aos "valores cristãos".

Neste momento, em que celebramos os 20 anos do CEFEP, a Rede de Assessores e Assessoras passa por um processo de transição e redefinição de seu tamanho e suas funções.

Membros da Rede de Assessores e Assessoras

Reproduzimos a seguir os nomes das pessoas que, ao longo destes vinte anos, colaboraram com a Rede de Assessores e Assessoras do CEFEP. Muitos estiveram presentes desde a origem do Centro e contribuíram de forma contínua ao longo desse período. Outros participaram de maneira pontual, em atividades ou reuniões específicas. Ressalta-se que a lista contempla aqueles que tiveram participação mais efetiva e regular nas ações da Rede.

1. Adriano de Souza Ventura
2. Carlos Francisco Signorelli
3. Carlúcia Maria Silva
4. Cesar Sanson
5. Cícero Fernando Barbosa da Silva
6. Cláudio César de Andrade
7. Daniel Seidel
8. Degislando Nóbrega de Lima
9. Durval Ângelo Andrade
10. Edmar Rosa Sobrinho
11. Eliana Gasparini Xerri
12. Eugênio Magno Martins de Oliveira
13. Géssica Dias Lins de Oliveira
14. Gilmara Gomes da Silva Sarmento
15. Ivenise Teresinha Gonzaga Santinon
16. Ivo Lesbaupin
17. Izalene Tiene

18. José Plácido da Silva Junior
19. Laudelino Augusto dos Santos Azevedo
20. Luiz Henrique Ferfoglia Honório
21. Márcia Maria de Oliveira
22. Márcio Roberto Pereira Tangerino
23. Marcos Vinicius de Freitas Reis
24. Maria Aparecida da Silva Fernandes
25. Marli Pirozelli Navalho Silva
26. Maurício Abdalla
27. Odete Rigato Mioto
28. Padre Antônio Aparecido
29. Padre Francisco de Aquino Júnior
30. Padre José Ernanne
31. Padre Manfredo de Oliveira
32. Padre Paulo Adolfo Simões
33. Padre Thierry Linard de Guertechin
34. Paulo Fernando Carneiro de Andrade
35. Pedro A. Ribeiro de Oliveira
36. Pedro Ergnaldo Gontijo
37. Roberto Jefferson
38. Robson Sávio Reis Souza
39. Rodrigo Marzano Antunes Miranda
40. Tales Falleiros Lemos
41. Vera Regina Schmitz

AS PUBLICAÇÕES DO CEFEP: FORMAÇÃO E INCIDÊNCIA POLÍTICA

Robson Sávio Reis Souza
Membro da Rede de Assessores do Cefep

Ao longo de duas décadas de existência, o Centro Nacional de Fé e Política Dom Helder Câmara investiu na publicação de livros e outros documentos com o objetivo de referenciar o trabalho de formação política desenvolvido pela rede de escolas de fé e política, além de prestar incidência política junto a formadores de opinião e outros atores políticos e eclesiais.

A principal coleção das publicações do Centro está relacionada ao trabalho desenvolvido pela Rede de Assessores. Os livros abordam e aprofundam temas da Doutrina Social da Igreja, os dilemas da cidadania no Brasil contemporâneo, o engajamento dos cristãos em ações concretas de defesa da cidadania e da democracia, além de temas correlatos aos direitos humanos, teologia da libertação e justiça social, dentre outros.

Faremos uma pequena síntese dessas publicações:

Cristãos em ação na política (Editora Santuário, 2006): de autoria do Pe. Ernane Pinheiro, apresenta a Ata de fundação do Cefep, seus objetivos, além de testemunhos de ação cristã na política, por meio do depoimento de personalidades de vários setores da sociedade.

Resgatar a dignidade na política (Paulinas, 2006): reúne estudos sobre as relações entre a Igreja Católica e o Estado brasileiro, a doutrina social da Igreja e um ensaio sobre a incidência da Constituição Pastoral do Concílio Vaticano II *Gaudium et Spes* (sobre a atuação da Igreja no mundo) na realidade social e política brasileira.

Democracia, Igreja e Cidadania (Paulinas, 2010): aprofunda a temática da democracia. Os capítulos iniciais do livro fazem uma abordagem histórica sobre democracia e neoliberalismo. Na sequência, a publicação apresenta uma discussão filosófica sobre o vínculo entre democracia e direitos humanos, a democracia sob a perspectiva da Doutrina Social da Igreja e uma reflexão teológica sobre democracia. O livro termina tratando da comunicação em uma perspectiva ética e cidadã.

Opção preferencial pelos pobres no século XXI (Paulinas, 2011): apresenta uma visão científica e pluridisciplinar da realidade atual brasileira (ver); busca na abordagem bíblico-teológica a iluminação e fundamentação para a ação (julgar) e retira das experiências de superação da pobreza o aprendizado para a ação transformadora (agir). Assim, a publicação é uma inspiração para quem faz da política seu campo preferencial para a prática da fé cristã.

Os cristãos leigos no mundo da política – à luz do Concílio Vaticano II (Vozes, 2013): reúne textos de assessores e de ex-alunos do Curso de Formação Política para Cristãos Leigos e Leigas, oferecido pelo Cefep, em parceria com a Coordenação Central de Educação a Distância (CCEAD/PUC-Rio). A publicação reforça o entendimento do Cefep segundo o qual os cristãos bem formados, à luz de sólidos critérios éticos, iluminados pela mensagem das bem-aventuranças, não podem furtar-se de oferecer uma contribuição especial à sociedade e à Igreja, em um período de transição civilizacional.

Religião, política e transformação social: experiências de fé (Editora PUC Minas, 2018): é fruto de uma parceria entre o Núcleo de Estudos Sociopolíticos da PUC Minas e da Arquidiocese de Belo Horizonte e o Cefep. Trata-se de uma coletânea com vários autores, cujos temas e cujas reflexões estão intimamente associados à visão do Papa Francisco, que defende que "a política é um serviço inestimável para o bem da coletividade; é uma nobre forma de caridade" (FRANCISCO, 2017).

Papa Francisco com os movimentos populares (Paulinas, 2018): apresenta várias análises sobre os discursos do Papa latino-americano aos movimentos sociais, pronunciados nos encontros de 2014, 2015 e 2016. As reflexões apresentadas por autores especialistas nestes assuntos compõem um conjunto rico de abordagens multidisciplinares, que permitem compreender a conjuntura e os apelos políticos e éticos dos trabalhadores, em nossos dias de pobreza globalizada e de recuos de direitos historicamente conquistados.

Conselhos de Cidadania: exercício de democracia (2020): é um legado do Ano do Laicato (2017 a 2018), da Campanha da Fraternidade de 2019 (que teve como tema: "Fraternidade e Políticas Públicas") e da Capacitação de lideranças em Políticas Públicas, oferecida pelo Cefep, em parceria com a Comissão Episcopal Pastoral para a Ação Sociotransformadora, a partir de 2020.

Em "**Teologia da História e Ação Transformadora**" (Cefep, Editora PUC Rio, Letra Capital, 2021), diferentes autores apresentam as dimensões fundamentais da Teologia da História. O objetivo é refletir sobre a relação entre o Reino de Deus e a construção de uma sociedade mais justa e fraterna, tendo em vista o agir político dos cristãos e cristãs. Os capítulos chamam a atenção para o sentido ético do agir social humano e para a responsabilidade que os cristãos precisam assumir com relação à ação política.

Além das publicações da Rede de Assessores, o Cefep também publicou uma série de "**Boletins Informativos**", desde maio de 2006 até dezembro de 2023. Os boletins prestam informações sobre as atividades do Cefep, as ações das escolas de fé e política, além de apresentarem artigos opinativos destacando, principalmente, temas e eventos relacionados à área de atuação do Centro. Todos os boletins estão disponíveis no site do Cefep. De julho de 2021 a julho de 2022, o Boletim Informativo foi divulgado também no quadro intitulado CEFEP INFORMA, do Podcast, "POLÍTICA COM FÉ", produzido e apresentado pelo assessor, Eugênio Magno.

Em março de 2023, o Cefep publicou um **Guia de elaboração e Gestão de Projetos Sociais**. O documento, disponível no site do Centro, é uma importante contribuição para lideranças eclesiais que buscam aprimorar e qualificar a técnica para a captação de recursos financeiros, fundamentais para subsidiar trabalhos e encontros nas comunidades eclesiais, pastorais e movimentos sociais.

Um **Guia de Criação de Escolas de Fé e Política** é outra publicação do Centro, disponível em seu site. Trata-se de um instrumento para orientar, auxiliar os grupos, dioceses e regionais que demandam material teórico-prático para a criação das escolas de fé e política. O Cefep, como articulador dessas escolas, coordena uma ampla rede que conta, atualmente, com cerca de 100 escolas em todo o país. A maioria dessas organizações educacionais são diocesanas, mas há escolas paroquiais e outras ligadas a movimentos e pastorais sociais. Os nomes das escolas também variam muito: Fé e Política, Fé e Cidadania, Política e Cidadania, Cidadania e Trabalho, dentre outros. Os formatos e as metodologias utilizados pelas escolas são variados de acordo com as necessidades locais.

O Cefep publicou, ainda, um **Planejamento Estratégico (2022-2025)**. O documento, disponível no site, reafirma os objetivos da organização e define as ações estratégicas até 2025, para auxiliar a coordenação do Centro na melhoria do desempenho da gestão, além de documentar os desafios, missão, visão, valores, metas e ações necessárias para bom desempenho no período planejado.

É importante destacar, por fim, que integrantes da rede de assessores, ao longo destes 20 anos, publicaram dezenas de artigos e outras produções em veículos de comunicação social, como jornais locais e regionais. Além disso, em outras mídias, como podcasts e canais do Youtube, há vasta produção de conteúdos de membros da rede de assessores com o intuito de pautar relevantes temas sociopolíticos e religiosos, no debate público contemporâneo.

OUTRAS AÇÕES EM PARCERIAS

Desde 2022, o Cefep ampliou a colaboração com a Comissão Episcopal para Ação Sociotransformadora (Cepast-CNBB) e a Comissão Brasileira de Justiça e Paz (CBJP), com a **pós-graduação em Dimensão Social da Fé**, em parceria com a Universidade Católica de Pernambuco (Unicap). O Curso está na 2ª edição, direcionado para lideranças de pastorais sociais, de forma totalmente online.

Em outra frente, a parceria Cepast-Cefep-CBJP-CNLB desenvolveu uma **Capacitação para Conselheiros e Conselheiras de Direitos**, desde 2019. Com 4 edições online já realizadas, a capacitação alcançou lideranças de mais de 70% das dioceses do Brasil.

O **Projeto Encantar a Política** foi uma das ações de mobilização nacional para a formação política continuada que se destacou, nos últimos anos, como a mais potente contribuição dos cristãos leigos católicos para o engajamento sociopolítico, principalmente nos períodos eleitorais. O projeto é formado por uma vasta rede de entidades parceiras, lideradas pelo Cefep, a Comissão Brasileira Justiça e Paz, o Núcleo de Estudos Sociopolíticos da PUC Minas, o Movimento Nacional de Fé e Política e a Rede Brasileira de Fé e Política.

III

AS PERSPECTIVAS PARA OS PRÓXIMOS ANOS

CEFEP E SUA CONEXÃO COM O PENSAMENTO DE DOM HELDER CÂMARA

Padre Ernanne Pinheiro

Membro da Rede de Assessores do Cefep

Colocar no título de nosso Centro Nacional de Fé e Política o nome de Dom Helder Câmara tinha como objetivo prestar homenagem póstuma a nosso grande arcebispo dos pobres, apresentando-o como modelo de cristão para os alunos(as) do Cefep, por meio de sua vida evangélica e dos pronunciamentos proféticos, à luz do Evangelho e do Ensino Social da Igreja.

Aliás, várias das escolas locais escolheram como patrono um bispo ou religioso(a) ou mesmo um leigo(a) de militância cristã comprovada com o mesmo objetivo. Exemplos: Escola Dom José Maria Pires, Escola Dom Tomás Balduino, Escola Dom Luciano Mendes de Almeida, Escola Irmã Dorothy Stang, Escola Regional de Fé e Política Pe. Humberto Plummen, entre outras.

Em nosso caso, Dom Helder se tornou um baluarte presente no próprio clima da elaboração da programação dos cursos, tornando-o conhecido pelos alunos(as) e auxiliando na mística em nosso Centro. Suas várias fases de vida são testemunho evangélico na vida pastoral: junto aos leigos(as), no Concílio Vaticano II, durante a ditadura militar no Brasil, na arquidiocese de Olinda e Recife.

Como trabalhei vários anos com Dom Helder, na arquidiocese de Olinda e Recife, posso dar testemunho de seu esforço na formação dos leigos(as), em sua relação fé-compromisso político. Atenção especial dava à Comissão de Justiça e Paz, participando pessoalmente das próprias reuniões da entidade, sobretudo no período complexo da ditadura militar, quando vários dos cristãos leigos(as) de sua diocese foram presos e torturados, ajudando-os no amadurecimento da dimensão do compromisso com a justiça e a paz.

Dava especial atenção aos pobres como visão evangélica de seu profetismo. Já se tornou famosa a frase dele: "Quando dou esmola e me dedico aos pobres sou chamado de santo, quando pergunto porque existem pobres sou chamado de comunista".

Chegou a criar um movimento com umas quatrocentas comunidades, chamado **"Encontro de irmãos"**, com uma metodologia própria para a evangelização. Começou com uma **semana de reflexão** por meio da Rádio Olinda, da arquidiocese. As paróquias motivaram seus membros para escutá-lo, por meio dos temas: Deus Pai, Deus Filho e Espírito Santo, Igreja, pecado e conversão. A partir daí, formaram-se comunidades nas paróquias para segui-lo, pela mesma Rádio, uma vez por semana, sobre temas mais próximos à vida cristã, deixando perguntas para as comunidades refletirem e aprofundarem a dimensão evangélica. No conjunto, quatrocentas comunidades vêm a lume.

Também nossos(as) alunos(as) do Cefep podem contar com o vasto conteúdo de suas publicações: palestras apresentadas em Recife, em muitos estados do Brasil e em vários países, sobretudo sobre a justiça, as minorias abraâmicas. Todo esse material se encontra arquivado no IDHEC (Instituto Dom Helder Câmara), em grande parte publicado, em parceria com a Editora do Estado de Pernambuco (já contamos com 13 volumes de sua autoria, que podem ser encontrados na Biblioteca do Cefep) ... Grande parte desse acervo se deve ao momento em que dom Helder foi proibido de se expressar por meio de todos os meios de comunicação pelos militares, motivado por seus pronunciamentos proféticos naturalmente em defesa da democracia.

Dom Helder tinha uma **vida de oração intensa**. Tinha o costume de trabalhar seus textos: poemas e discursos, orações em uma "vigília de oração", todos os dias, das 2 às 4 horas da manhã; depois dormia até 6 horas, quando celebrava a Eucaristia. Também é modelo de oração para seus discípulos do Cefep.

Confiamos que seus dons colocados à serviço do Evangelho possam levá-lo a ser elevado aos altares, pela canonização, em processo no Vaticano, que já o declarou "Servo de Deus".

Dom Helder, seguramente, incentivaria o Cefep para viver o Ano Santo Jubilar como "peregrino de Esperança", baseado na

Palavra de São Paulo aos Romanos "a Esperança não decepciona" (5,5). A Esperança estava sempre presente em seus textos e poemas, como luz do Espírito em sua vida.

Muito bem nos convocava o nosso Dom: "Deixa-me acender cem vezes, um milhão de vezes a esperança, que ventos perversos e fortes teimam em apagar. Que grande e bela profissão – acendedor de esperança!" Era sua vocação e missão.

DESAFIOS E PERSPECTIVAS PARA A FORMAÇÃO POLÍTICA DOS CRISTÃOS E CRISTÃS NO BRASIL

A superação das polarizações, desigualdades e limitações com as ferramentas tecnológicas

Ivenise Teresinha Gonzaga Santinon
Membra da rede de Assessoras do Cefep

1. A conexão fé-política

O cenário atual do Brasil, marcado por uma profunda desigualdade social e uma crescente polarização política e religiosa, aponta para a necessidade de se buscar meios de superação das dicotomias que ferem a dignidade humana. Ainda mais quando isso é agravado com o perigo do mau uso das tecnologias. Quando se voltam a ideologias excludentes, por meio de facções e grupos religiosos, que, em nome de Deus, acentuam doutrinas descabidas, elas distorcem verdades, deturpam informações e incentivam intolerâncias.

Vivemos um tempo marcado por tensões sociais e intensas polarizações políticas que dividem comunidades, famílias e igrejas. Nesse contexto entra também a Inteligência Artificial, que, ao mesmo tempo em que mostra que a tecnologia tem transformado o mundo com pesquisas benéficas para a humanidade, pede-nos atenção para a forma como nos informamos e nos relacionamos com ferramentas tecnológicas nas mídias digitais. Nem todos conhecem o manuseio ou têm o mesmo acesso a essas ferramentas, o que aprofunda os riscos de perigos e de instrumentalização para fins excludentes. As ferramentas tecnológicas não apenas servem como instrumentos benéficos de informação, mas podem ser meios para acentuar a desigualdade social.

Na perspectiva da formação da fé cristã, há a necessidade de se questionar práticas e voltar à justiça, à fraternidade e ao compromisso com a verdade, sobretudo com os mais pobres. Nesse contexto, a partir da reflexão da fé e da política com a utilização de tecnologias, somos imbuídos(as) a perguntar: Para quem professa a fé cristã, esse cenário nos interpela: como viver a fé, em meio a tanta divisão? Como promover a justiça e o diálogo, em um tempo tão fragmentado? E a polarização que acontece muitas vezes em ideologias transmitidas em nome de Deus?

2. A pertinência dos três eixos

a) Desigualdades

Na perspectiva de gênero, raça e classe social, o Censo 2022, recentemente publicado pelo IBGE, entre outros campos, apontou sérias desigualdades na educação, na comunicação, no acesso à informação e na participação política, ainda muito desigual. Nesse resultado, pareceu um aumento significativo na taxa de feminicídio e violência contra as mulheres, sobretudo nas periferias. Esse acréscimo talvez seja porque a população esteja tomando consciência e fazendo as devidas denúncias. Esse contexto merece atenção especial nas realidades periféricas e junto aos povos originários, que tradicionalmente são excluídos dos processos decisórios. A fé e a política devem servir à dignidade humana, ao bem comum e à justiça social, nunca para facilitar meios que privilegiam classes mais abastadas e favorecem poderes oportunistas.

b) Polarizações

A política, como espaço legítimo de diferenças, prima pela liberdade e responsabilidade em vista do bem comum. E hoje ela está dominada por discursos de ódio, de hostilidades e extremismos, seja nas relações interpessoais, institucionais ou nas redes sociais, que amplificam bolhas ideológicas e dificultam o diálogo. Em nosso cotidiano, podemos presenciar famílias divididas por ideologias falaciosas, por discursos provindos de fake news em grupos de igreja, por inverdades ditas em nome de doutrinas e por radicalizações e injustiças cometidas em nome de Deus, em instituições religiosas. Em meio a uma desigualdade social, as polarizações nunca constroem relações de diálogo, de equidade, de justiça e de paz.

c) Limitações tecnológicas

Desde a pandemia ficaram claras a limitação humana e a exclusão digital de milhões de brasileiros que não tiveram acesso adequado à internet. Pelas mídias, a comunicação social deixou isso visível, o que aconteceu também na educação, em que não foram poucos os casos de estudantes sem acesso às redes, sem formação adequada. Os algoritmos desde quando criados são ótimas ferramentas para o avanço social, mas se mostram também como instrumentos de manipulação e seleção de grupos. Sendo meios de desinformação, os algoritmos, em uma sociedade fragmentada, podem favorecer a opressão e a exclusão, pois não ajudam as pessoas ao discernimento político e religioso. As tecnologias devem ser ferramentas de libertação, nunca de limitação e manipulação.

3. A chamada à esperança e ao compromisso

A fé cristã e a política nos chamam ao diálogo, à busca da verdade, ao cuidado com os pobres e à construção da paz. Em tempos de polarização, desigualdade e exclusão digital, somos chamados a ser pontes, e não muros, como afirmou o Papa Francisco. Somos chamados a usar as ferramentas disponíveis, inclusive as tecnológicas, a serviço da verdade, da ética, da justiça e da fraternidade. E para participar da política, com espírito evangélico, é preciso saber usar as tecnologias em tempos digitais, como uma forma de viver o mandamento do amor, cerne da fé cristã e que nos move a caminhar em busca de esperança e contribuir com a equidade, o diálogo, o amor e a paz. Como cita Amós (5,24): "Antes, corra o direito como as águas e a justiça como um rio perene".

E o Papa Francisco, em 2024, tratou das tecnologias e da inteligência artificial citando os algoritmos na encíclica "Dilexit nos", ao escrever sobre o amor humano e divino do coração de Jesus Cristo. Para ele, o algoritmo tem mostrado que nossos sentimentos, pensamentos e nossas vontades são muito mais padronizados e manipulados do que imaginávamos, por isso, "previsíveis e manipuláveis". Isso se vê em discursos fundamentalistas, polarizados, em que fé e política se confrontam, pois sem fundamentos são feitos em nome da fé cristã. A formação em fé e política tem muito a dizer sobre isso. Com ética, igualdade e solidariedade, a dignidade da vida se expressa de uma forma concreta de amor ao próximo. Fica aqui um convite a uma atuação religiosa e política consistente, respeitosa e comprometida com os valores do Reino de Deus. A fé não nos permite ser indiferentes diante da dor do outro e com a injustiça.

A sinodalidade e o encantamento da política

Carlúcia Maria Silva
Membra da Rede de Assessoras do Cefep

Nosso saudoso Papa Francisco, durante seu pontificado, resgatou em nossos corações a eclesiologia do Concílio Ecumênico Vaticano II, para tantos esquecida, ou adormecida. Nesse sentido, em busca de uma Igreja Sinodal, "deu à sinodalidade uma centralidade inédita no atual caminho da Igreja". Sinodalidade aqui entendida como caminhar juntos na escuta atenta aos sinais dos tempos. Tempo de graça e aprendizado permanente; caminho de reflexão, conversão, discernimento pessoal e comunitário, que nos motiva a transformar nossa realidade social e política, buscando sempre redescobrir opções pastorais que respondam às urgências e emergências da hora atual.

Nesse processo de escuta, docilidade e discernimento, toda a Igreja se coloca de prontidão para "ouvir o que Ele diz às Igrejas" (Ap 2,7) e fazer "tudo o que Ele mandar" (Jo 2,5). A Igreja Sinodal valoriza e potencializa o protagonismo teológico e pastoral de todos os batizados, que, guiados pelo Espírito Santo, trilham caminhos novos e vivenciam processos que fortaleçam a consciência de que todos somos povo de Deus a caminho.

Caminhar juntos, movidos pela ação do Espírito Santo, que nos impulsiona à luz da Palavra de Deus e da Doutrina Social da Igreja a ser protagonistas da missão da Igreja, como resposta à vocação batismal e corresponsabilidade missionária. Experienciar, cada dia, processos de espiritualidade contemplativa, diálogo e escuta ativa, discernimento pessoal e comunitário, reconhecendo e valorizando a diversidade de carismas. Vale destacar aqui que em tudo é importante e necessário a integração de uma antropologia relacional. Igreja Povo de Deus, e portanto, "relacional e inclusiva de irmãos e irmãs em Cristo" (CNBB, 2023, p. 13). "A antropologia relacional na qual se baseia a eclesiologia sinodal tem como palavra-chave a reciprocidade e a circularidade" (CNBB, 2023, p. 17). Reciprocidade e circularidade norteadoras do cuidado com nossa casa comum, pois tudo está interligado!

Caminhar juntos reafirma em nós, batizados e batizadas, o desafio de trilhar caminhos que nos conduza a ser protagonistas, atores da/na missão, discípulos missionários e construtores da fraternidade humana, na Igreja e na Sociedade. Portanto, caminhar juntos não é uma tarefa fácil; é um aprendizado e não basta apenas entendê-lo teoricamente. Colocar este aprendizado na prática cotidiana de nosso ser e agir é extremamente desafiador.

Fomentar a "cultura do encontro" entre hierarquia e leigos é fundamental. Compreender o significado e as implicações de ser Igreja Povo de Deus, na qual todos somos capacitados pelo Espírito a ser sujeitos e protagonistas corresponsáveis, segundo os dons e carismas recebidos pelo Espírito Santo, unifica-nos na missão e nos corresponsabiliza na construção do Reinado de Deus entre nós. No entanto, promover o diálogo, a corresponsabilidade e a interação entre o Povo de Deus é também aprendizado e missão de todos os batizados. É condição básica para uma participação efetiva de todos e todas na construção e fortalecimento de uma Igreja-Comunidade, corresponsável e missionária.

Formação política e participação social em defesa da democracia

Estamos diante de uma das maiores crises sociopolítica e econômica da história. Vivenciamos dias difíceis com o avanço da extrema direita e a polarização política nesses últimos anos. No Brasil, além dos problemas sociais e políticos, convivemos com um verdadeiro pandemônio, em quase todos os sentidos que possam ser atribuídos à palavra. Uma realidade que atravessa todas as dimensões da vida de nosso povo e reforça a necessidade de "encantar a Política".

Diante disso, torna-se cada vez mais urgente e necessária a formação do eleitorado brasileiro. Processos educativos que possibilitem a leitura crítica do momento atual, apontem ações transformadoras, potencializadoras do exercício da cidadania ativa, e fortaleçam a participação cidadã. Caminhar juntos, iluminados pela Palavra de Deus e a doutrina social da Igreja, para melhor compreender a realidade concreta do (re)pensar o Brasil que queremos e encontrar caminhos para a necessária transformação da realidade que temos, a fim de construir a realidade que queremos e de que precisamos.

Participação ativa e cidadã que contribua para o encantamento da política. E a partir das questões centrais, apresentadas na *Fratelli Tutti*, na *Evangelii Gaudium*, na *Laudato Si* e outros documentos do Magistério da Igreja, estimular o estudo pessoal e comunitário, o debate e as reflexões acerca das contradições de nossa realidade atual, de modo que essas reflexões e esses questionamentos se desdobrem em ações transformadoras concretas.

Inspirados pelo ideal das primeiras comunidades cristãs e o conceito de amizade social, à luz da *Fratelli Tutti*, a solidariedade como valor e o bem comum, enquanto organização política da solidariedade, somos desafiados a fortalecer entre nós, batizados e batizadas, a ética na política e a ciência do bem comum. A corresponsabilidade missionária, em que somos chamados a dar testemunho da fé que professamos, desafia-nos a transformar a realidade atual da política e propor ações transformadoras nos diferentes espaços onde estamos inseridos, uma vez que evangelização e política do bem comum são caminhos para a construção da civilização do amor e superação das causas estruturais da pobreza, exclusão, desigualdades e injustiças. O grito dos pobres nos desafia a uma maior participação e aponta qual é o lugar da Política. Gritos que ecoam e reafirmam que a paz é fruto da justiça, e, sem elas, a democracia estará sob constante ameaça.

Referências

Papa Francisco. Exortação Apostólica *Evangelii Gaudium* – A alegria do Evangelho, Paulinas, 2013.

Papa Francisco. Carta Encíclica *Laudato Si* – sobre o cuidado da casa comum: sobre a fraternidade e a amizade social, Paulinas, 2015

Papa Francisco. Carta Encíclica *Fratelli Tutti*: sobre a fraternidade e a amizade social, Paulinas, 2020

Papa Francisco. Caminhar juntos. Palavras e reflexões sobre a sinodalidade. Edições CNBB, 2023.

A participação das mulheres na política, o ecumenismo, a ecologia integral e o fortalecimento democrático

Géssica Dias

Membra da Rede de Assessoras do Cefep

A realidade que nos circunda é um todo complexo e multidimensional, permeado de possibilidades, e, para que se efetivem, é preciso lançar mão de reconectar o que a modernidade tratou de fragmentar. Ao considerar isto, o que mais se tem visto é a difusão de uma racionalidade que compartimenta a vida em setores fáceis de serem manipuláveis e instrumentalizáveis, em favor de forças dominantes, que se apoiam na opressão e no controle. Para isso, fazem uso da fé, do corpo, do ambiente e do poder, pilares importantes de sustentação do projeto de sociedade que está em plena marcha.

Esse cenário pode até se mostrar estéril às sementes de emancipação, mas o caminho de enfrentamento é uma possibilidade de conquista real do fortalecimento democrático quando se deixam florescer as forças impulsionadoras de transformação. Uma parte desse caminho começa a ganhar materialidade quando as correntes se tornam visíveis. E para que isto aconteça, os espaços que encampam essa luta precisam tornar sua voz polifônica, considerando a combinação entre as tradições de fé, gênero e natureza – humana e não humana.

Irmanadas e irmanados por esta consciência, celebrando 20 anos de uma trajetória de avanços para o pensamento sociotransformador da Igreja, podemos dizer que o Centro Nacional de Fé e Política Dom Helder Câmara (Cefep) se mostra como um dos vetores potentes na construção desse caminho, mas sem deixar de destacar que esse mesmo caminho precisa se tornar ainda mais largo, sendo sinalizado pelas mulheres, pela ecologia integral e pelo ecumenismo, como campos cooperadores para o horizonte de chegada.

Semeando caminhos por meio da participação da mulher na política

Em primeiro momento, podemos dizer que a sub-representação da mulher nos espaços políticos, institucionais ou não, ainda se configura como um desafio a ser superado com seriedade e concretude, pois o gênero continua sendo um efetivo demarcador de hierarquias na sociedade, e isso faz com que a posição social e política das mulheres ainda seja um processo em disputa; que por estar em disputa, tenta mobilizar outras forças neste enfrentamento. Não à toa, a ONU Mulheres e a UIP (União Interparlamentar) trazem que o Brasil ocupa a 133ª posição no ranking global de representação parlamentar feminina, estudo que analisou o cenário de 189 países até 1 de janeiro de 2025. Já na igualdade de gênero, conforme o Fórum Econômico Mundial, o Brasil está na 92ª posição no ranking com 153 países que medem a igualdade de gênero, ficando na 22ª colocação entre 25 países da América Latina e Caribe.

O patriarcado, o machismo e misoginia são estruturas que ainda possuem força e influência no âmbito da normatividade e da sociabilidade, reforçando estigmas que preservam a esfera pública ao homem e a doméstica à mulher como enquadramentos que tentam inibir a construção coletiva da identidade nacional e do projeto social que deve prevalecer. Porém também é preciso considerar que essa força inibidora se torna ainda mais violenta quando nesse corpo são atravessadas as questões de raça, classe e sexualidade.

Contudo, não pode haver caminho de libertação se ainda houver corpos aprisionados nas tramas das estruturas sociais. Isso convoca as organizações do campo da luta, que atuam por direito e justiça, a repactuar a posição das mulheres em suas estruturas conceituais, decisórias e operativas. Não cabe mais que esta ocupação seja um mero cumprimento simbólico ao apelo moral de igualdade subjetiva. O que não se pode é pensar um caminho sem que elas estejam inteiramente no trajeto.

Ampliando caminhos a partir do Ecumenismo

Em um mundo cada vez mais fraturado por disputas de diversas grandezas, torna-se imprescindível traçar caminhos de comunhão e mutualidade. Pois, com o mundo globalizado, a diversidade cultural, econômica, política, social e espiritual já não é mais categoria distante e fronteiriça da vivência de cada povo em seu território. As experiências humanas congregam múltiplos fenômenos, em que a mística e a espiritualidade são partes essenciais.

Em função disso, é importante considerar que o ecumenismo se mostra uma potente ferramenta na estratégia que convoca laços de cooperação. Por meio dele, caminhos se conectam, ampliando não somente cosmovisões, mas construindo cosmopercepções capazes de acolher pluralidades que outrora se mostravam incongruentes, pelos diferentes modos de viver.

O ecumenismo hoje tem força para estar além da estrutura da Igreja, atingindo não somente a dimensão confessional, mas contribuindo para o rompimento da interposição entre as culturas, estratégia do imperialismo hegemônico que captura o material e o simbólico para manutenção das forças de dominação. Portanto, é preciso pisar a partir do chão de hermenêuticas libertadoras, para que, assim, a *oikoumene* seja chão para todas as identidades.

Cultivando caminhos com a Ecologia Integral

A relação entre os seres é a condição possível de tornar a vida uma realidade factível. Contudo, mesmo sendo condição, o saber ocidental hegemônico tenta, cada vez mais, artificializá-la no intuito de ajustá-la ao sistema de exploração. Compartimentado, tudo pode se tornar uma mercadoria para atender aos desejos induzidos pela lógica capitalista.

Diante disso, é urgente a construção de um novo paradigma, como propõe o Papa Francisco, capaz de reconectar o que a disfuncional epistemologia moderna desagregou: a humanidade, a história e o cosmos. Nesse papel, a Ecologia Integral se mostra como uma importante lente para a leitura desse mundo que ainda se encontra parcialmente encoberto, mas com muito a revelar sobre a ligação entre os povos e a casa comum.

Baseado nas reflexões trazidas na Encíclica *Laudato Si*, escrita por Francisco, não há distinção do social com o ambiental. Ou seja, a vida se dá socioambientalmente. A crise ecológica espelha a desigualdade que suprime muitas vidas prematuramente, e isso contesta o modelo de desenvolvimento que se encontra estabelecido. Desse modo é importante repactuar a forma de estar no mundo, para que surja um novo jeito de "pensar, sentir e viver", uma notável "conversão ecológica", caminho de restauração para o tempo presente e condição de existência para o tempo futuro.

Bibliografia

PORTO, Ana Carla Vaz; PANTOJA, Selma Alves. *Mulheres e representação política no Brasil:* da colonialidade à inacabada luta por diversidade. *Feminismos,* Salvador, v. 11, 2024. Disponível em: https://periodicos.ufba.br/index.php/feminismos/article/view/57107/31293. Acesso em: 28 jun. 2025.

FOLLMANN, José Ivo. (org.). *Ecologia Integral:* abordagens (im)pertinentes. São Leopoldo-RS: Casa Leiria, 2020. Disponível em: https://olma.org.br/wp-content/uploads/2020/10/Ecologiaintegral_ebook_v1_1.pdf. Acesso em: 28 jun. 2025.

FRANCISCO (Papa). *Laudato Si':* sobre o cuidado da casa comum. Vaticano: Libreria Editrice Vaticana, 2015.

WOLFF, Elias. *A reconfiguração do movimento ecumênico e a busca de uma teologia ecumênica na América Latina.* Theologica Xaveriana, Bogotá, v. 70, p. 1-26, 2020. Disponível em: https://revistas.javeriana.edu.co/index.php/teoxaveriana/article/view/28593. Acesso em: 28 jun. 2025.

FÉ E POLÍTICA!?

Pe. Francisco de Aquino Júnior
Membro da Rede de Assessores do Cefep

A relação entre fé e política se tornou um dos temas mais importantes e mais polêmicos nas igrejas e na sociedade. É verdade que muita gente acha que fé não tem nada a ver com política. Mas isso, além de tornar a fé inoperante no mundo político, acaba servindo para justificar opções políticas contrárias à fé.

É bom lembrar que as pessoas que professam uma fé religiosa (crentes) são membros de uma comunidade política e tomam posição a favor ou contra determinados interesses e projetos políticos (cidadãos). Basta ver como as "pessoas religiosas" tomam posição/partido sobre o que acontece na sociedade. E não se pode negar a importância decisiva do religioso (convicções religiosas, grupos religiosos, líderes religiosos), nas disputas políticas no Brasil, nos últimos tempos. Cada vez mais se apela ao religioso para atacar ou defender interesses, projetos e grupos políticos. Daí a importância e necessidade de pensar sobre a relação entre fé e política.

O Concílio Vaticano II, falando da função da Igreja na sociedade, afirma que a missão que Cristo confiou à Igreja é de "ordem religiosa", recordando, porém, que "desta mesma missão religiosa deriva um encargo, uma luz e uma energia que podem servir para o estabelecimento e consolidação da comunidade humana segundo a lei divina" (GS 42). Duas coisas muito importantes:

1) A missão da Igreja é de "ordem religiosa" e consiste em ser "sinal e instrumento" da salvação ou do reinado de Deus no mundo. A Igreja não é um partido político que tem a tarefa de elaborar projeto político, lançar candidatos, disputar eleição e governar o país. Isso é tarefa/missão dos partidos e não da Igreja.

2) Mas dessa missão religiosa decorrem "encargos, luzes e forças" para a organização da sociedade de acordo com a vontade de Deus. Por isso, a Igreja não pode ser indiferente à política. Sua missão não se reduz à política, mas tem uma dimensão política que diz respeito ao bem comum, à justiça social e ao cuidado da casa comum.

Isso é muito importante para evitar o "divórcio entre a fé professada e a vida cotidiana" dos crentes e das Igrejas (GS 43): a relação filial com Deus se concretiza na relação fraterna com os irmãos, por isso os cristãos devem colaborar na construção de uma sociedade mais justa e fraterna. Mas é muito importante também para evitar a instrumentalização das igrejas para interesses e grupos contrários ao Evangelho, bem como a manipulação religiosa da política em função dos interesses de instituições e líderes religiosos, que nada têm a ver com dimensão política da fé, que é a construção do bem comum, a defesa dos direitos dos pobres e marginalizados e o cuidado na casa comum.

Infelizmente, tem crescido no Brasil a instrumentalização política da religião e a instrumentalização religiosa da política: líderes políticos que apelam e manipulam o sentimento religioso da população, em função de seus interesses, e líderes religiosos que tratam as igrejas como gado/rebanho e fazem alianças com o que há de pior e mais antievangélico no mundo político. Basta recordar aqui a aliança no congresso nacional entre as bancadas Boi (ruralistas), Bala (militares), Bíblia (evangélicos e católicos de direita) contra a reforma agrária, os direitos humanos, as florestas e os povos das florestas e em defesa do agronegócio, do armamento da população, da tortura e até de extermínio de pessoas. Chegou-se ao extremo de se afirmar na imprensa que Jesus "não comprou pistola porque não tinha naquela época" e se defender o armamento da população em nome da fé: "Compre suas armas. Isso também está na Bíblia".

Mais do que nunca é preciso recordar e insistir no mandamento do amor fraterno: "Eu vos dou um novo mandamento: que vos ameis uns aos outros. Como eu vos amei, assim também vós deveis amar-vos uns aos outros. Nisso conhecerão todos que sois meus discípulos: se tiverdes amor uns para com os outros" (Jo 13,34-35). E isso que vale para as relações interpessoais vale também para as macrorrelações econômicas, políticas e socioambientais. É a dimensão sociopolítica da fé e da missão da Igreja. A fé nos leva a colaborar com todas as pessoas e todos os grupos que lutam por uma sociedade mais justa e fraterna, independentemente da Igreja ou religião a que pertencem e de professarem ou não uma fé religiosa. É a política do "bem comum", da "justiça social", do "cuidado da casa comum". E essa política, recorda o Papa Francisco, é "uma sublime vocação, é uma das formas mais preciosas de caridade, porque busca o bem comum" (FT 180).

Em sua exortação *Evangelii Gaudium* sobre o anúncio do Evangelho no mundo atual, Francisco insiste muito na "dimensão social da evangelização", destacando "as repercussões sociais do querigma", "a inclusão social dos pobres", "o bem comum e a paz social" e "o diálogo social como contribuição para a paz" (EG 176-258). E, em sua encíclica *Fratelli Tutti* sobre a fraternidade e amizade social, afirma que as religiões "oferecem uma preciosa contribuição para a construção da fraternidade e para a defesa da justiça na sociedade" (FT 271). E insiste no desafio de retornarmos às "fontes" de nossa fé e "nos concentrarmos no essencial: a adoração a Deus e o amor ao próximo, para que alguns aspectos da doutrina não acabem por alimentar formas de desprezo, ódio, xenofobia, negação do outro" (FT 282).

Está em jogo aqui a dimensão sociopolítica do amor cristão que, como bem explicita o Compêndio de Doutrina Social da Igreja, "não se esgota nas relações entre as pessoas, mas se desdobra na rede em que tais relações se inserem que é precisamente a comunidade social e política" (CDSI 208). Isso explica e justifica a preocupação da Igreja com os grandes problemas da sociedade, bem como a criação de pastorais e organismos sociais, como o Centro Nacional de Fé e Política Dom Helder Câmara, para ajudar na formação sociopolítica do povo de Deus e colaborar com os movimentos e organizações populares na luta pelos direitos dos pobres e marginalizados, pela justiça social e pelo cuidado da casa comum. Isso não é um desvio, mas uma dimensão e uma exigência fundamentais da fé e da missão evangelizadora da Igreja que é "tornar o Reino de Deus presente no mundo" (EG 176): não apenas na vida das pessoas, mas também nas macrorrelações políticas, econômicas, culturais e socioambientais.

DESAFIOS ÉTICOS PARA O CAMPO DA FÉ E DA POLÍTICA

Robson Sávio Reis Souza
Membro da Rede de Assessores do Cefep

Não somente no Brasil contemporâneo, mas em muitas partes do mundo, observamos que a religião, e notadamente o cristianismo, tem sido, frequentemente, instrumentalizada para fins político-eleitorais por grupos aliados à chamada extrema-direita global. Nesse contexto, os desafios para os cristãos comprometidos com uma ética baseada no Evangelho são complexos e urgentes.

Antes de mirarmos para o futuro é importante registrar e reconhecer o trabalho árduo, em duras trincheiras e em tempos difíceis, desenvolvido até aqui por centenas de companheiras e companheiros, lutadores e lutadoras, "do chão da vida", da militância político-partidária, das pastorais e de muitos organismos eclesiais, que fazem parte do Cefep, ao longo destes 20 anos.

Há gritos, ações, intervenções de lideranças, de pastorais e organismos da Igreja em defesa dos pobres, marginalizados e esquecidos que se articulam por meio de iniciativas do Cefep e de organismos parceiros.

A formação política continuada e de qualidade, uma das marcas do Cefep, qualificou centenas de militantes de fé e política nas escolas, no Curso de Nacional, nas ações de incidência política que formou um modo de ser Igreja; que testemunha o Cristo encarnado nos pobres, marginalizados e sofredores.

Há muita gente ligada ao Cefep e suas redes que tem o pé no chão, fé na vida e alma cravada no Evangelho, lutando desde os territórios até as mais várias instâncias do poder político (nas Câmaras Municipais, Assembleias Legislativas, Congresso, nos vários níveis do Judiciário, nos poderes executivos), em defesa dos pobres – indígenas, negros, mulheres, pessoas em situação de rua e entre outras.

Quantas iniciativas proféticas e pulsantes que existem, graças ao trabalho dedicado de lideranças das escolas de fé e política, das pastorais sociais, do CNLB, da rede de assessores e da junção de iniciativas institucionais, como a que deu origem ao Projeto Encantar a Política! São sinais de esperança que mantêm viva a chama da profecia!

Feitas essas justas menções do presente e do passado, podemos pensar em desafios para o futuro.

O uso eleitoreiro da fé, principalmente pelas plataformas digitais, e a manipulação da religiosidade (incluindo estratégias de marketing religioso e monetização) e de símbolos religiosos para justificarem projetos de poder político exigem discernimento e coragem de todos os que se comprometem com a ética cristã, no contexto de um estado laico e diverso, inclusive nas expressões de múltiplas religiosidades.

Precisamos nos atentar para o uso político da religião como ferramenta de dominação, que tem sido utilizado por partidos e líderes políticos fundamentalistas, frequentemente associando discursos religiosos enviesados para ganharem votos, transformando a fé em moeda de troca eleitoral.

Narrativas religiosas, principalmente o uso errático e intencional de textos sagrados, são distorcidas para defender interesses particulares e que afrontam visceralmente a ética cristã. Lemas como "Deus acima de todos" são utilizados para justificarem autoritarismo, discursos de ódio travestido de fidelidade ao Evangelho ou negar direitos sociais, criminalizando pobres, minorias e segmentos vulneráveis. Nesse contexto, denunciar a manipulação da fé (como Jesus fez com os fariseus em Mateus 23,13-28) e exigir coerência entre discurso religioso e a prática política passa a ser um desafio constante e um dos objetivos das ações de formação política do Cefep.

As disputas virulentas dentro das igrejas, ou entre denominações cristãs, muitas vezes, reproduzem uma religiosidade marcada pelo ódio e pela desinformação. Há grupos religiosos que abraçam o extremismo e transformam púlpitos em palanques e fiéis em massa de manobra. Nesse contexto, é preciso reafirmar que o Reino de Deus é para todos (Jo 10,10) e a promoção do diálogo e da convivência interreligiosa deve estar acima de lealdades partidárias e sectárias.

Sabemos que a tentação do poder e da perda da profecia desafia lideranças religiosas, inclusive do laicato. Alguns buscam cargos e influência, abandonando seu papel profético de denúncia das injustiças e anúncio de um reino onde caibam todas e todos, indistintamente.

Se, por um lado, há profetismo e coragem, às vezes, há o silêncio de lideranças das igrejas diante de injustiças, como a violência contra pobres, indígenas e negros. Isso exige dos cristãos a retomada na referência de Jesus, que recusou o poder político fácil e confrontou as elites religiosas e políticas de seu tempo. Assim, o Cefep busca assumir uma postura profética, inspirado em Dom Helder Câmara, unindo fé e justiça social.

A coesão em torno de pautas morais *versus* a negligência com a justiça social é outro desafio para os cristãos, principalmente num momento no qual grupos religiosos mobilizam-se apenas por "bandeiras morais" e gritos panfletários, mas ignoram a desigualdade, o racismo, o ecocídio e tantas formas de violências e exclusões.

A teologia da prosperidade tem alimentado o individualismo dentro de muitos grupos eclesiais, inclusive do catolicismo, enfraquecendo a luta por políticas públicas justas. Precisamos recuperar a visão integral do Evangelho, que une santidade pessoal e justiça social e promover o engajamento dos cristãos em causas estruturantes, como terra, teto e trabalho digno para todos (como propunha o Papa Francisco).

A descrença generalizada na política, quando muitos cristãos, desiludidos, abandonam a política ou aderem ao discurso da antipolítica (afastando o cidadão da arena pública) e mesmo o fatalismo religioso ("só Deus pode mudar o Brasil') levam à inação, a desesperança e a busca de pseudoprofetas e falsos messias. Nesse contexto, os cristãos são desafiados a mostrarem que a fé exige engajamento, pois "a fé sem obras é morta" (Tg 2,26).

Uma fé na política, não partidarizada, mas também sem a criminalização dos partidos, é um grande desafio para os cristãos no Brasil. Isso significa, na prática, a capacidade de criticar quando a religião é usada para a manipulação e/ou a opressão; agir com esperança ativa, acreditando que a política pode ser um espaço de serviço, não de corrupção ou dominação; viver o Evangelho de forma radical, como Jesus, que desafiou o sistema sociopolítico de seu tempo, sem se tornar um irresponsável em seus atos e em suas ações.

Como dizia Dom Helder Câmara: "Quando dou comida aos pobres, me chamam de santo. Quando pergunto por que eles são pobres, me chamam de comunista". A verdadeira fé cristã na política não se vende a ideologias interesseiras, mas transforma estruturas com amor, perseverança e coragem.

Se o presente e o passado nos ensinaram a "combater o bom combate e preservar a fé" (2Tm 4,7-8), para o futuro precisamos nos qualificar ainda mais para os novos desafios que a contemporaneidade nos apresenta. Fé na vida... e na boa política!

AGRADECIMENTOS A CONTRIBUIÇÕES ESSENCIAIS

Ao longo de duas décadas de história, o Cefep foi construído pela dedicação de muitas pessoas, cada uma com sua contribuição valiosa. Algumas se destacaram mais, outras atuaram de forma discreta, mas todas imprescindíveis para a construção e o sucesso da instituição.

Um nome frequentemente mencionado nos testemunhos das turmas é o professor **Geraldo Aguiar**. Sua participação foi de suma importância para o Cefep, especialmente no Curso Nacional. Por motivos de saúde, não foi possível que ele escrevesse sobre sua experiência detalhadamente, mas seu carinho com cada pessoa, o modo como acompanhava as turmas e seu empenho nas relações com a PUC-Rio são marcas indeléveis de um educador comprometido com a transformação social.

Na mesma linha, é fundamental registrar a relevância das professoras **Gilda Helena Bernardino** (Coordenadora de EAD/ PUC-Rio) e **Gianna Oliveira Bogossian Roque** (CCEAD PUC-

-Rio). Ambas acompanharam a educação a distância, com excelência e cuidado, garantindo a qualidade e o suporte necessários para essa modalidade de ensino.

Desde o início, o Professor **Paulo Fernando Carneiro** tem sido o coordenador do Curso Nacional junto à PUC-Rio, desempenhando um papel importante, ao zelar pela relação e a colaboração entre o Cefep e a Universidade.

Bispos presidentes do Cefep

O Cefep, uma iniciativa da CNBB, foi estabelecido sob a responsabilidade da Comissão Episcopal para o Laicato, portanto não tem personalidade jurídica. Por essa razão, desde sua fundação, o bispo presidente da Comissão também assume a presidência do Cefep.

Ao longo de sua história, três bispos desempenharam esse papel:

– **Dom Mauro Montagnoli, CSS,** foi o primeiro presidente, atuando de 2005 a 2011. Atualmente, é Bispo emérito de Ilhéus (BA).

– **Dom Severino Clasen, OFM,** foi o segundo presidente, esteve à frente do Cefep de 2011 a 2019. Atualmente, é Arcebispo de Maringá (PR).

– **Dom Giovane Pereira de Melo**, desde 2019, é o atual presidente e bispo de Araguaína (TO).

Secretários executivos do Cefep

A função de secretário executivo do Cefep é, consequentemente, ligada ao cargo de assessor da CNBB na Comissão para o Laicato. Portanto a nomeação para essa posição requer aprovação do Conselho Permanente da CNBB.

Padre Ernanne Pinheiro foi o primeiro secretário executivo, exercendo a função de 2005 a 2018. Além disso também foi assessor para a Comissão do Laicato e assessor político da CNBB. Pe. Ernanne é, originalmente, presbítero da Diocese de Limoeiro do Norte (CE), incardinado na Arquidiocese de Brasília (DF).

Padre Paulo Adolfo foi o segundo secretário executivo, de 2019 a 2023. Presbítero da Diocese de Pouso Alegre (MG), teve uma conexão inicial com o Cefep enquanto aluno da 7ª turma do Curso Nacional.

Jardel Neves Lopes é o terceiro secretário executivo, desde 2024. É leigo, egresso da 6ª turma, doutorando em teologia (PUCPR), com foco em pesquisa sobre a atuação das pastorais sociais. Ex-coordenador nacional da Pastoral Operária.

Secretaria Executiva

A secretaria do Cefep está instalada no Centro Cultural Missionário (CCM), em Brasília. Até 2023: **Sidney Sabino, Pietra Soares, Francisco das Chagas** e **Felipe Marques** contribuíram significativamente com o trabalho administrativo, sendo Sidney o primeiro auxiliar.

A secretaria executiva atual é composta pela Coordenadora Pedagógica, **Odete Rigato Mioto** e o secretário executivo, **Jardel Neves Lopes.** Odete é egressa da 5ª turma do Curso Nacional, assume essa pasta desde 2019, sucedendo o Professor Geraldo Aguiar.

Coordenação Executiva

A coordenação executiva, estabelecida em 2019, surgiu da necessidade de estreitar ainda mais os laços entre o Cefep e as escolas locais e regionais. Essa estrutura é composta por representantes de cada macrorregião do país e um representante das escolas de fé e política ligadas às Igrejas evangélicas, além do secretário executivo e da coordenação pedagógica.

A primeira formação da Coordenação Executiva (2019 a 2021) contou com os seguintes membros:

– **Rubens Pereira Rocha Pita** (Região Nordeste)

– **Rosa Maria de Souza** (Região Norte)

– **Luiz Henrique Ferfoglia Honório** (Região Sudeste)

– **Marlene Silveira Miranda** (Região Centro-Oeste)

– **Tales Falleiros Lemos** (Região Sul)

A coordenação atual, com mandato de **2022 a 2025**, é composta por:

– **Carla Patrícia Ribeiro Caminha** (Região Nordeste)

– **Marcus Vinícius de Freitas Reis** (Região Norte)

– **Luíz Eduardo Souza Pinto** (Região Sudeste)

– **Renê Edson Mioto** (Região Centro-Oeste)

– **Rita Casiraghi Moschen** (Região Sul)

– **Nilton Leite de Sousa Junior** (Igreja Batista de Coqueiral – representando o segmento de igrejas evangélicas)

Grupo de Trabalho de Comunicação

O Cefep também conta com um Grupo de Trabalho (GT) de Comunicação que tem contribuído com a dinâmica de construção e divulgação das ações e implementação de um plano de comunicação. Contribuíram para esse GT: Francielly Falcão da Silva, Luiz Henrique Ferfoglia Honório, Eugênio Magno Martins de Oliveira, Cícero Fernando Barbosa da Silva

Atualmente, o GT de comunicação é composto por: Francielly Falcão da Silva, Patrícia Gil Cabral e Vitor Inácio Fernandes da Silva. Além desses membros, o Cefep conta com a prestação de serviços de comunicação de Paulo Martins, cuja colaboração ocorre de acordo com a disponibilidade de recursos.

Apoiadores

Ao longo destes 20 anos de serviço, o Cefep contou com o apoio financeiro de instituições parceiras. Esse suporte foi fundamental para realização das atividades, custeio de bolsas de estudos para alunos(as) do Curso Nacional, passagens para seminários, as publicações e salários dos funcionários. Entre os principais apoiadores destacam-se a **Conferência Episcopal Italiana**, a **Porticus**, a **Misereor** e a **Adveniat**. Além destas, a parceria com o **Conselho Nacional do Laicato do Brasil** (CNLB), que ofereceu bolsas para o Curso e a CNBB, sua fundadora.

GALERIA DE FOTOS

CNBB – Solenidade de Criação do CEFEP – 2005

CNBB - Solenidade de Criação do CEFEP – 2005

1ª Turma do Curso Formação Política para Cristãos/ãs 2006-2007

Seminário Nacional de Articulação das Escolas de Fé e Política e Rede de Assessores/as – 2006

Seminário Nacional de Articulação das Escolas de Fé e Política e Rede de Assessores/as – 2007

Momento Mística no Seminário Nacional de Articulação das Escolas de Fé e Política e Rede de Assessores/as – 2007

Momentos de estudos na 1ª turma do Curso Formação Política para Cristãos/ãs – 2007

2ª Turma do Curso Formação Política para Cristãos/ãs 2008-2009

Momentos de estudos na 2ª turma do Curso Formação Política para Cristãos/ãs – 2008

Lançamento da 2ª publicação do CEFEP – Resgatar a Dignidade da Política

3ª Turma do Curso Formação Política para Cristãos/ãs 2010-2011

4ª Turma do Curso Formação Política para Cristãos/ãs 2012-2013

5ª Turma do Curso Formação Política para Cristãos/ãs 2014-2015

6ª Turma - 6ª Turma do Curso Formação Política para Cristãos/ãs 2016-2017

Presença de membros da Igreja Batista Coqueiral no Curso Formação Política para Crstãos/ãs

7ª Turma do Curso Formação Política para Cristãos/ãs 2018-2019

Celebração no Seminário Nacional de Articulação das Escolas e da Rede de Assessores/as – 2019

Momento de Mística no Seminário Nacional de Articulação das Escolas e Rede de Assessores/as – 2019

Momento de Partilha no Seminário Nacional de Articulação das Escolas de Fé e Política e Rede de Assessores/as – 2019

Momento de lançamento de livro – 2019

Seminário Nacional de Articulação das Escolas de Fé e Política e Rede de Assessores/as – 2019

8ª Turma do Curso Formação Política para Cristãos/ãs 2020-2022

Momento formativo e estudos com membros da Coordenação Executiva e Coordenação Ampliada do CEFEP – 2022

Estratégias do Projeto Encantar a Política nos territórios, Seminário Nacional de Articulação das Escolas – 2024

Momentos de estudos na 2ª turma do Curso Formação Política para Cristãos/ãs – 2009

Seminário Nacional de Articulação das Escolas de Fé e Política e Rede de Assessores/as – 2021

9ª Turma do Curso Formação Política para Cristãos/ãs 2023-2024

Seminário Nacional de Articulação das Escolas de Fé e Política e Rede de Assessores/as – 2022

Momentos de estudos na 1ª etapa da 9ª turma do Curso Formação Política para Cristãos/ãs – 2023

Momento celebrativo na 2ª etapa da 9ª turma, Curso Formação Política para Cristãos/ãs - 2024

Mística de abertura do Seminário Nacional de Articulação das Escolas – 2024

Momentos de estudos na 2ª etapa da 9ª turma do Curso Formação Política para Cristãos/ãs – 2024

Momento de Mística na 2ª etapa da 8ª turma do Curso Formação Política para Cristãos/ãs – 2021

Momento de mística no Seminário Nacional de Articulação das Escolas – 2024

Celebração na 2ª etapa da 9ª turma do Curso Formação Política para Cristãos/ãs – 2024

Celebração na 2ª etapa da 9ª turma do Curso Formação Política para Cristãos/ãs – 2024

Momento de Mística na 1ª etapa da 10ª turma do Curso Formação Política para Cristãos/ãs – 2025

Momento de Mística na 1ª etapa da 10ª turma do Curso Formação Política para Cristãos/ãs – 2025

Secretários Executivos CEFEP – Pe. Ernanne Pinheiro 2005-2018, Pe. Paulo Adolfo 2019-2023, Jardel Neves Lopes, 2024-atual

Seminário Nacional de Articulação das Escolas de Fé e Política – 2024

Seminário Nacional de Articulação das Escolas de Fé e Política – 2024

Celebração com a presença de Dom Giovane na 2ª etapa da 9ª turma do Curso Formação Política para Cristãos/ãs – 2024

Visita à Sede da CNBB – 10ª Turma do Curso Formação Política para Cristãos/ãs 2025

Participação Pe. Ernanne Pinheiro na 1ª etapa da 10ª Turma do Curso Formação Política para Cristãos/ãs – 2025

Celebração ecumênica presidida pelas irmãs evangélicas da 10ª turma do Curso Formação Política para Cristãos/ãs – 2025